《科技创新案例与研究》学术委员会

主　任：
　　李　扬　中国社会科学院副院长、学部委员、研究员

学术委员（按姓氏笔画排序）：
　　马延和　中国科学院微生物研究所研究员
　　王　元　国家科学技术部中国科学技术发展战略研究院常务副院长、研究员
　　朱克江　江苏省盐城市市委书记
　　朱　宇　江苏省知识产权局局长，江苏省科技创新协会会长
　　刘　东　国家科学技术部中国科学技术发展战略研究院研究员
　　仲伟俊　东南大学教授
　　李　平　中国社会科学院工业经济研究所党委书记、研究员
　　沈志渔　中国社会科学院工业经济研究所研究员
　　金　碚　中国社会科学院工业经济研究所原所长，中国社会科学院学部委员、研究员
　　欧阳平凯　南京工业大学教授，中国工程院院士
　　洪银兴　南京大学党委书记、教授
　　胥和平　国家科学技术部调研室主任、研究员
　　赵伟建　中国科学院化学所研究员，江苏省化学化工协会执行副会长、教授
　　徐南平　中国工程院院士，江苏省政协副主席
　　袁振宏　中国科学院广州能源研究所研究员，中国工程院院士、教授
　　黄　维　南京工业大学校长，中国科学院院士、教授
　　黄速建　中国社会科学院工业经济研究所副所长、研究员
　　梅永红　山东省济南市市委副书记、市长，原国家科技部政策法规司司长
　　韩璞庚　江苏省社会科学院教授
　　穆荣平　中国科学院战略研究院院长、研究员

《科技创新案例与研究》编辑委员会

主　编：
　　徐南平　中国工程院院士，江苏省政协副主席

副主编：
　　朱　宇　江苏省知识产权局局长，江苏省科技创新协会会长
　　赵顺龙　南京工业大学经济与管理学院院长、教授，江苏省科技创新协会秘书长
　　杨世伟　经济管理出版社副社长、教授
　　王　钦　中国社会科学院工业经济所企业管理研究室主任、研究员
　　夏太寿　江苏省科学技术情报所所长
　　来尧静　南京工业大学 MBA 中心主任、教授

编委会成员：
　　张杰军　国家科学技术部中国科学技术发展战略研究院政策法规司研究员
　　郭　戎　国家科学技术部中国科学技术发展战略研究院科技投资研究所副所长
　　王伟光　辽宁大学教授
　　刘光围　南京理工大学教授
　　周小虎　南京理工大学教授
　　陈同扬　南京工业大学教授

编辑部主任：
　　吴　琨　南京工业大学教授

编辑部成员：
　　陈　力　经济管理出版社
　　张　艳　经济管理出版社
　　王晓梅　江苏省科学技术情报所
　　王京安　南京工业大学
　　费钟琳　南京工业大学
　　姚山季　南京工业大学
　　刘新艳　南京工业大学
　　许　景　南京工业大学
　　杨　青　南京工业大学
　　马　硕　南京工业大学
　　秦政强　南京工业大学
　　杜　芸　南京工业大学

1
2014

Case and Research on Scientific and Technological Innovation

科技创新案例与研究

主管单位
中国社会科学院工业经济研究所
江苏省科学技术厅

主办单位
江苏省科技创新协会

目 录

中兴通讯知识产权：立足国内，面向国际……………马 硕 沈 艳（1）

  在经济全球化背景下，知识产权的战略意义极为突出，中国企业对于知识产权的了解已经越来越深入。加入世界贸易组织以来，在国家大力提倡的"走出去"战略下，中国的通信制造企业中，已经有一批企业认识到知识产权的作用，并且将对知识产权的保护上升到了企业战略的高度，中兴通讯股份有限公司的成功之路起到了很好的示范作用。本文以中兴通讯股份有限公司知识产权战略体系为主线，重点描述公司在知识产权激励制度和知识产权业务体系等方面的创新特色，探究中兴通讯如何成为企业知识产权的先锋典范，最终在政府的支持和公司领导的带领下，中兴通讯逐步成为该行业的领头羊，并带领我国通信行业迈向国际，服务世界。

南京灿华汽车电子：从被动到主动的知识产权战略……吴 琨 殷梦丹（15）

  在知识经济时代，知识产权战略成为一个企业创新和发展的坚实保障。本文重点描述了南京雨花台区政府重点扶持的创新型企业——南京灿华汽车电子有限公司从被动到主动的知识产权战略推进之路。本文描述了灿华最初因知识产权保护意识薄弱受到侵害的血泪史，从中得到了经验教训；灿华在知识产权上的主动出击，从"抽专利"到"跟进专利"的探索，进行"全员专利"和"自主专利"的实践，并构建知识产权平台来提升知识产权保护的专业性；灿华通过坚持在低价值中创造高价值专利和提升专利转化率来践行公司自己的专利价值标准，最终获得持久而丰厚的收益。正是对知识产权战略的重视和落实使得灿华得以劈波斩浪，在行业中保持领跑地位，成为南京市知识产权战略有效实施的典范。

福中集团：展开创新的翅膀 ·· 秦政强　张一驰（29）

作为南京大学的高才生，杨宗义放弃体制内的生活，创立福中，在珠江路卖电脑，掘得第一桶金。在成立的第二年，福中即以"3+3"创立品牌，成为立身之本，并迅速打开市场。继而，福中集团不断推动IT产业升级，以特许经营加盟连锁店走出珠江路，以并购具有领先技术微波治疗仪的南京新技术应用研究所成为行业领跑者，并以新的商业模式拓展到房地产、金融投资等领域。创新是福中的灵魂。一路走来，福中的成功与杨宗义以及福中集团的创新理念密切相关。

深科博业：阳光总在风雨后 ·· 刘新艳　沈忠芹（42）

南京深科博业电气股份有限公司是一家专业从事电力系统保护和控制领域的技术研究、产品开发、生产销售和工程服务的公司。本案例详细描述了深科博业在自主创新及产学研合作过程中遭遇的一系列知识产权纠纷事件，从而强调了知识产权管理对一家科技型公司的重要性。案例还结合深科博业公司在知识产权管理方面的相关实践，指出科技型公司进行知识产权管理有三大法宝：一是有效的知识产权奖励制度；二是规范化的知识产权管理体系；三是创新性的文化保障。

南京常荣：以知识产权走创新发展之路 ························ 杨青熊　成　扬（54）

南京常荣坚持科技创新理念，从领导层形成知识产权共识、初步确立知识产权战略方向、明确知识产权战略重点等方面先行推进其知识产权战略，为其大踏步前进奠定了知识产权基础。在维护其行业领先的高声强声波吹灰系统、超微孔系列吸声材料、声学试验控制系统三大领域的同时，依然坚持在研发之前、研发过程中、专利申请中这三个阶段实施全方位的知识产权保护战略。常荣专注核心领域，重视专利质量，让企业的每一位员工都参与知识产权保护，从而提高知识产权保护的效率，并且取得了显著的效果。知识产权保护战略的有效实施，保障了南京常荣科技成果的充分利用，使企业保持持续的创新活力，经营业绩得到逐年提升，依靠知识产权走上了创新发展之路。

新百药业：浴火重生后的美丽蜕变 ································ 杜　芸　段　珍（69）

南京新百药业有限公司前身为创建于1958年的南京生物化学制药厂，作为国家投建的重点制药企业，生化药厂经历了从建厂到成长、发展、鼎盛、衰退的全过程，从江苏地区药物领域的引领者到濒临倒闭的边缘，在生死存亡之际，是实行破产退出市场还是重组改制让企业重获新生？生化药厂领导层面临着艰难抉择。最后，通过改制重组，使其成为一家初具现代企业制度特征的民营企业；2001年，南京市首家上市企业、商业领域航母——南京新百股份有限公司入资生化药厂并对其进行并购重组，正式成立南京新百药业有限公司。2006年，南京新百药业有限公司成功收购金鹰医药科技开发有限公司。2011年，它成为三胞集团的全资子公司。至此，新百药业多元化的经营格局全面确立。借力上市公司的强大支持，衣钵老企业的优良传统，经过多年的艰苦创业，奋发勇进，坚持创新，打造和谐文化，现在的新百药业已发展成为集研发、生产、营销为一体的现代化、高科技制药企业。

我国电子信息产业专利联盟对自主创新的影响研究 ………… 翟立琪（83）

与国外电子信息产业的专利联盟相比，我国专利联盟起步较晚，且多数是受外国专利联盟打压后的产物。近年来，我国电子信息产业积极构建专利联盟，以期利用专利战略促进企业自主创新，保持技术领先。但是专利联盟是否能促进企业自主创新？这种结果在国内外是否一致？本文分别以国内 AVS 及国外 DVD3C 专利联盟及其部分组成成员为例展开研究，以联盟成立前后的专利获取数、销售收入和研发（R&D）为评价指标，分析差异性来判断联盟成立前后的创新趋势是否改变；并且寻求结果产生的原因，提出相关的政策和建议，为企业更好地建立创新机制提供帮助。

中兴通讯知识产权：立足国内，面向国际

马 硕 沈 艳

（南京工业大学经济与管理学院，南京 210009）

摘　要：在经济全球化背景下，知识产权的战略意义极为突出，中国企业对于知识产权的了解已经越来越深入。加入世界贸易组织以来，在国家大力提倡的"走出去"战略下，中国的通信制造企业中，已经有一批企业认识到知识产权的作用，并且将对知识产权的保护上升到了企业战略的高度，中兴通讯股份有限公司的成功之路起到了很好的示范作用。本文以中兴通讯股份有限公司知识产权战略体系为主线，重点描述公司在知识产权激励制度和知识产权业务体系等方面的创新特色，探究中兴通讯如何成为企业知识产权的先锋典范，最终在政府的支持和公司领导的带领下，中兴通讯逐步成为该行业的领头羊，并带领我国通信行业迈向国际，服务世界。

关键词：中兴通讯；知识产权战略；激励制度；知识产权业务体系

2014年4月26日世界知识产权日，据中央电视台"新闻联播"和"焦点访谈"栏目两档节目报道：世界知识产权组织报告显示，中兴通讯喜获2013年国际专利合作条约PCT专利的申请量世界第二，2011年和2012年世界第一的卓越成绩，并且目前中兴已拥有5万多件全球专利申请和1.6万件已授权专利。在4G及终端技术方面，中兴已成为全球市场占有率增速最快的厂商，在第四代移动通信技术领域成为名副其实的领跑者。2014年4月16日在北京与成都对开的国航航班上，全球首次实现在空中提供4G互联网服务，中兴通讯正是这次地空宽带系统地面设备的唯一供应商。中兴公司拥有的4G基本专利占4G专利总量的13%，拥有4G商业合同140多个，占全球市场份额约20%，中兴通讯在知识产权领域获得了卓越的成就，在4G时代拥有强大的核心竞争力。

美国"337"调查被称为世界上"最严厉贸易限制措施"，中国已成为"337"调查最大受害国，但是中兴通讯近日却在这项调查诉讼中连续胜出。从2013年12月到2014年3月，中兴已连续赢得三起终裁胜诉，而在知识产权领域，强大的知识产权实力是中兴通讯胜诉的关键。

一、企业简介

中兴通讯股份有限公司（以下简称"中兴通讯"）成立于1985年，总部位于广东省深圳市南山区科技南路，在香港和深圳两地上市，2001年中兴通讯香港公司成立。中兴通讯是全球第四大手机生产制造商，中国最大的通信设备上市公司。公司首创"国有民营"经营机制，注册资本25000万元，截至2013年末，集团员工共69093人（其中母公司总人数为56492人）。

中兴通讯是全球综合通信解决方案提供商，主要是通过为全球160多个国家和地区的电信运营商和企业网客户提供创新技术与产品解决方案，让全世界用户享受语音、数据、多媒体、

无线宽带等全方位沟通。公司拥有通信业界最完整的、端到端的产品线和融合解决方案，通过全系列的无线、有线、业务、终端产品和专业通信服务，灵活满足全球不同运营商和企业网客户的差异化需求以及快速创新的需求。

中兴通讯的产品主要涵盖无线、核心网、接入、承载、业务、终端、云计算、服务等领域（主要产品见表1）。公司坚持以市场为驱动的研发模式进行自主创新，通过独立自主的开发主体，层次分明、科学规范的创新体系和持续的研发投入，在技术开发领域取得一系列重大科技成果。中兴通讯在操作系统、数据库、终端、应用、安全防护，甚至基础级的芯片等方面，都有巨大技术储备。近日自主研发的国内首款28nm LTE多模芯片已经通过中移认证，这些技术储备给中兴通讯带来了发展的技术支撑，同时也将进一步提高通信行业的投入门槛。中兴通讯是中国重点高新技术企业、技术创新试点企业和国家"863"高技术成果转化基地，承担了近30项国家"863"重大课题，是通信设备领域承担国家"863"课题最多的企业之一，公司每年投入的科研经费占销售收入的10%左右，并在美国、印度、瑞典及中国等地设立了18个研究中心，3万多名国内外研发人员专注行业技术创新。公司依托分布于全球的107个分支机构，凭借不断增强的创新能力、突出的灵活应对能力、日趋完善的交付能力赢得全球客户的信任与合作。

表1 中兴通讯的主要代表产品

终端产品	无线产品	接入产品	核心网产品	承载产品	云计算及IT	服务	能源及基础设施
智能手机	UMTS/GSM	MSAN	移动核心网	WDM/OTN	增值业务	维护保障服务	电源
PAD	CDMA2000	xPON	固网核心网	NG-SDH/MSTP	云计算设备及服务	管理服务	基建
功能手机	TD-SCDMA	DSL	IMS	PTN	服务器	技术服务	
数据卡	WMAX	CPE		路由器	存储	IT集成服务	
融合类终端	LTE			BRAS	IPTV	知识服务	
模块与芯片	微波			Ethernet Switch	应用商店与融合业务		
	WiFi				OSS/BSS		
	RFID						

中兴通讯对知识产权的保护已经上升到战略的高度，具体地说，就是从第一阶段"开始自主研发、申请专利、购买和付费使用其他公司知识产权成果"，经过第二阶段"参与标准化活动、建立专利池、与其他公司开展交叉许可"，到达第三阶段，即"通过参与标准化活动推广研发成果、建立基本专利池，并主动与其他公司开展许可活动"。在具体的机构设置上，中兴通讯内部设有专门的知识产权部门，并建立了完善的管理体系，从组织管理上保障了积极全面的许可活动。并设立了知识产权领导小组，负责整个公司知识产权战略的决策和推动，还采用了集中管理与分散管理有机结合的方式来管理公司的知识产权事务。在中兴通讯的知识产权制度体系中，包含两个层面的内容：一个是公司级制度，这类制度用于规范公司内所有员工的活动，并且保障知识产权业务在全公司范围的发展，例如知识产权激励制度和公司人才培养方案等；另一个是业务级规范，主要针对各项具体业务进行实体和程序上的规范化，保证每项业务在整体框架下的有序发展。在知识产权业务体系中，基础、分析和运营三大业务体系形成了中兴通讯整体知识产权战略的完整业务网络。三个业务互相区分又紧密联系，层次不同又互为支撑。其中，知识产权基础业务主要包括专利申请及维护、商标注册及维持、软件产品及著作权登记、商业秘密管理等各类基础性业务；知识产权分析业务包括项目分析、综合分析、目标国家或市场分析等，主要目标是降低研发和市场风险，创造市场竞争机会；而知识产权运营业务

则通过侵权、许可、转让、秘密保护、合同知识产权审查、标准知识产权等各类增值和有效利用业务为公司直接创造价值。

二、中兴知识产权业务网络

（一）基础业务

1. 专利申请从"随机播种"到"专利布局"

1996年4月3日，现任董事长侯为贵亲自向国家知识产权局申请了中兴通讯的第一件专利，这个程控数字交换机用户板技术的专利，开启了中兴通讯的知识产权历程。而在之后的18年中，中兴通讯在创新之路上越走越远，在知识产权领域不断地积极探索，既交过高昂的学费，也赢得过振奋人心的胜利，在探索过程中，中兴通讯的知识产权谋略日益成熟起来。2000年前后，诺基亚、摩托罗拉等国际通信巨头公司向中兴索要高额专利许可费，由于当时中兴通讯专利底子薄，最终只能支付高昂的专利许可费，这是中兴通讯在专利领域交的第一笔学费。2005年，中兴通讯将推出的DSL接入产品开拓法国市场，引来了一场与竞争对手的专利进攻。虽然最终达成和解，产品能够在法国市场销售，但是国外专利竞争的残酷现实深深激发了中兴通讯大力发展布局专利的斗志，让中兴通讯体会到专利价值的重要性。

至此，公司对专利的产生、申报投入大量资金，从纯粹注重专利数量演变为针对某一个产品或市场的专利布局。2006~2010年，中兴通讯发明专利申请量分别达到2322件、4787件、3954件、5427件、5660件，5年累计发明专利申请量达到2.215万件。为了提升专利质量，中兴通讯适时启动了专利布局工作，对研发部门的考核不再局限于数量指标，而是增加了高价值专利指标，同时提高内部专利撰写复核标准。追求高价值专利、杜绝垃圾专利的商战思维已经完全融入中兴通讯的血液中。中兴通讯全球化专利布局的目标是，加强专利申请、技术研发和市场需求的契合度，提高专利申请的质量，形成严密高效的专利保护网，在增强公司抵抗知识产权风险能力的同时，促进公司专利商业价值的实现。作为国内专利申请的先行者，中兴通讯的专利申请由"随机播种"转型为"专利布局"，实现了专利数量与质量的同步提升。目前，在中兴通讯申请的专利中，发明专利超过90%。这些专利与行业契合度很高，中兴坚持一个原则，即在不同阶段、不同区域、不同市场、不同技术领域的知识产权都与公司的发展相匹配，其研发的大数据、云计算、4G、5G，甚至终端，都是行业的焦点。

2. 专利生命周期贯穿企业产品研发投入

中兴通讯产品项目研发一般包括项目立项、技术方案的论证、企业项目的研发、成果鉴定以及入库等一系列研发过程。在项目立项过程中，可能涉及有关产品的造型；在设计产品造型方面，会涉及外观设计，可能还包括实用新型方面的专利风险节点。在产品技术研发阶段，会涉及产品的一些使用功能，比如手机滑动屏幕解锁，也可能会涉及一些专利的风险。在产品入库、包装上市的过程中，手机产品内置的图片、音乐等有可能涉及版权风险。在产品上市的宣传阶段，比如有关产品的各种logo标志、产品包装盒上刻印的有关产品的内容，有可能涉及一些商标侵权风险。因此，从公司产品项目投入研发到上市阶段，在整个过程的所有专利风险节点，中兴通讯都会针对项目不同阶段，查看有没有侵权的风险；一旦发现有侵权风险，公司会让项目经理对研发产品进行技术改进，绕开风险节点，进行一些保护与防控。中兴通讯针对产品项目的专利风险控制体系的最主要特征，就是整个风控体系嵌入了产品研发投入的所有流程，相互贯穿。在产品生产、销售、研发各个阶段，都将知识产权风险控制嵌入其中。也正因为这种嵌入，让中兴充分挖掘了公司知识产权的机会点。

3. 沉着应对国外专利诉讼的手段

中兴通讯面临专利诉讼从容不迫的底气从何而来？除了自身专利技术过硬之外，还与熟悉国际知识产权游戏规则以及和国际跨国集团的数次交锋积累的丰富经验密不可分。为了应对专利诉讼，在公司长达20余年的发展历程中，中兴通讯耗资数百亿元用于专利研发，积累了大规模高质量的知识产权资产。中兴通讯自身的知识产权实力增强，在国际竞争中也更加从容。经过了海外多年的摸爬滚打，中兴通讯已经有相当成熟的诉讼应对经验与成功案例，在多个专利纠缠战中更是屡屡获胜。在近两年欧洲的10起诉讼中，中兴通讯均以驳回、无效和中止判决等方式取得全面胜利。对于参与国际竞争的企业而言，专利是很好的防御性武器。与专利屏蔽的风险相比，其专利研发投入是非常值得的。

2014年，中兴通讯凭借所持有的5万余件高质量全球专利，在美国连续获得由Interdigital、TPL、Flashpoint 3起专利运营公司发起的"337"调查的胜利。美国"337"调查是被中国企业视为最难突破的贸易壁垒之一，此前中国的电子信息、光伏、农产品等多个行业曾受制于此项调查，中兴通讯短时间内连赢三仗，这在中国企业中极为罕见，为国内企业积极应对"337"调查积累了经验，成为中国企业对外贸易摩擦中的标志性胜利。

（二）分析业务

1. 研发项目分析，规避风险措施

强化知识产权分析是中兴通讯长期以来一直坚持的重要工作。一方面，通过分析，确保对他人知识产权的充分尊重。从项目立项到产品研发，再到市场拓展，都进行有效的知识产权分析，充分保护他人的知识产权，并同其他企业进行友好的技术和知识产权合作，知己知彼，形成共赢局面。另一方面，通过分析，发现自己的知识产权机会，降低风险，创造更多有价值的知识产权，并用适当方式进行保护。为了让高质量的专利脱颖而出，中兴通讯在所有HPPD（高效研发）项目中，全程嵌入知识产权分析以及知识产权计划，范围涵盖专利、商标、软件等各方面。

中兴通讯对自己的所有核心专利都是非常了解的。公司有专门的研发人员、知识产权工作人员以及专门监控公司主要产品的员工，对与专利有关的研发产品进行集体汇总，第一时间进行处理和排查，一旦发现有侵权线索，公司内部先进行分析，分析出的结果作为判断对方专利侵权的依据。公司适时运用相关的专利法律法规，或者借鉴法院的一些判例，来判断公司的产品和专利是否侵权。

在通信行业领域，技术更新比较快。如果公司不申请通信行业的很多专利，竞争对手也会通过其他方式获得。比如通过手机上的一些功能进行反申工程，来获取手机的开发流程。因此，与其被竞争对手获得先机，不如先申请专利，以此保护公司的研发成果。另外，如果研发的产品适合申请专利的就申请授权；如果不适合申请专利，可以采用其他的方法来保护研发产品。比如竞争对手在没有途径获得产品的开发流程或者暂时仿制不出时，可以用商业秘密进行保护；或者使用一些信息安全的手段，禁止员工外泄等；或者在申请专利时，撰写不泄露研发产品的商业秘密内容，涉及商业秘密的点，可以不在申请专利时提出，只满足申请发明的最底层要求，专利保护可以与商业秘密保护相结合。中兴通讯不仅针对专利的保护采取了严格的措施，从原本的以被动为主到现在的积极主动应对，站在知识产权的角度，针对版权、商标等都提出了全面的保护措施。

近两年，中兴通讯在商标的打假维权方面为公司挽回潜在损失上千万元。针对复杂的知识产权维权环境，中兴通讯有符合自身企业特点的维权机制，根据企业发展所处的不同阶段，维权机制存在很大差异。中兴通讯建立了内外部协同的维权机制，为保障公司商标的安全提供支撑，因为中兴通讯市场的广度使得通过专业人员持续、广泛的监控侵权行为变得难以实现，因此公司通过培训、内部奖励等多种方式激励公司内部员工发现并举报侵权。另外，采取多层次维权方式分类处置，中兴通讯建立了一套成熟的侵权案件处理程序，对来自全球各地的侵权线索，根据具体案件的性质、影响力程度、主观恶意程度等多种因素决定采取不同的维权方式。对于影响力极大的案件，中兴会采取强势的维权手段，运用（包括但不限于）警告函件、工商查处、法院诉讼、商务谈判的方式打击侵权，维护公司核心利益不被侵犯；对于影响力较小或恶意程度较低的案件，中兴通讯通常采取集中处理或通过通告或警告函等温和的方式处理，既降低公司的维权成本，又避免过分伤害对方。

2. 通过知识产权分析，创造海外市场机会

中兴通讯早在创办之初就确定了自主创新战略，进行了准确的市场分析，知识产权决定未来市场地位，确立了企业的创新主体地位，并将技术研发置于企业发展的首要位置。2001年，中兴通讯在进行集群通信设备开发时面临两种选择：其一，跟随市面上已成熟的技术进行仿制；其二，突破国外技术封锁，自主研发。最终，中兴通讯选择了在码分多址技术（CDMA）系统下自主开发数字集群技术，并先后获得了74件中国专利授权，同时开创了中国企业向国外企业授权许可的先河。

目前，中兴通讯发明专利80%以上的创新成果被应用在智能终端、核心网、路由器、IPTV、LTE等各类产品中，也正是由于专利技术被转化为产品运用，中兴通讯才能在欧美等海外市场自由驰骋，更从容地在欧美市场上销售产品。中兴通讯对于专利发明有严格的制度，比如中兴RFID产品线位于天津，这条产品线被要求每年必须产出四五十件国内、国际专利。2011年以后，随着专利诉讼明显增多，中兴公司考核的内容又增加了一项：一年必须产出两件高价值的专利。中兴通讯2013年在欧洲的专利申请量已达1184件，成为首个申请量进入前十名的中国公司。欧洲专利从申请到取得授权有2~3年的时间，中兴通讯预计其将在2014年拥有大规模欧洲专利授权，主要集中在LTE、智能终端等产品领域。这样大规模的高质量专利群将有助于中兴通讯在欧洲市场站上一个更高的平台，形成较强的知识产权反击与威慑力。

中兴通讯根据市场动向及时调整专利策略，并分析以往的专利，找出防御性专利和竞争对手可能用来攻击的专利。为了迷惑对手，中兴通讯会对核心技术进行专利布局，通常是在其周围申请一定数量的专利，形成必要的专利组合。随着知识产权能力的不断提升，中兴通讯有望在更大的舞台闪耀光芒。

（三）运营业务

1. 知识产权交叉许可

在通信这样一个技术密集型的产业中，彻底绕过专利壁垒是比较困难的，对这个行业来说也不是非常现实，一般是你中有我，我中有你。因为电信行业起步比较早，20世纪八九十年代，就已经开始兴起2G的GSM和CDMA，当时这部分专利掌握在国外的诺基亚、爱立信、高通这些厂商手中。近些年，许多国家想对高通进行垄断，因为高通掌握这些技术，也就掌握技术专利。2G时代跟着跑、3G时代并肩跑、4G时代领先跑。国内通信厂商从3G开始起步到现在的4G，已经与国外厂商处于同一起跑线上。中兴在3G与4G时代掌握了比较多的核心专利，这部分专利可以与在2G或3G时代领先的国外通信厂商进行协商，专利是可以存在交叉许可的，以他人的2G或3G时代的技术为基础，把自身的3G或4G时代的专利进行交叉许可。

2011年4月，中兴通讯遭遇了爱立信在欧洲三国发起的专利诉讼，中兴通讯给予了强硬回应，称爱立信侵犯了中兴的知识产权，宣布将在中国、西欧以及其他地区起诉爱立信，经历长达一年多的较量之后，双方最终达成和解并签署了全球范围内的专利交叉许可。由专利诉讼转

变为专利交叉许可，互相合作，形成了一个比较开放、比较包容的知识产权环境。中兴通讯坚持既保护自己的知识产权，也尊重他人的知识产权的原则，现在已经与爱立信、微软、西门子、杜比等达成了全球的知识产权许可协议，体现了对知识产权的尊重。

2. 专利联盟雏形

全球科技行业频繁的专利混战，专利收割行为最终只会损害消费者利益和行业健康发展，中兴通讯正积极倡导和参与行业内部各种"专利池"、"专利联盟"的组建，这是国际通行的做法，通过支持建立泛行业的专利池机制，利用专利池的"准一站式"许可模式，抱团合作，实现专利许可支出成本以较低数量级运作，降低创新成本，促进行业的良性发展。

在国内，中兴与华为这两个通信巨头都非常风光，近年中兴与华为在海外掀起专利战，虽然企业竞争能实现自身的最大价值，但面对整个通信设备行业的发展情况，中兴与华为更应联手寻共赢路。中兴通讯非常希望能够与华为一致对外，创造中国的国际化的民族企业。虽然国内专利联盟尚未建立，但已初见雏形，由阿里巴巴、腾讯、中兴通讯在深圳组建的C8联盟，正在意向协商之中。真正有效的专利联盟，首先需要机制健全，为了防止企业参差不齐，政府出面协调会起到很有效的作用。

作为中国最大的通信设备制造上市公司和全球领先的智能手机厂商，中兴通讯已加入70多个标准组织及论坛，在2014年Linaro亚洲大会（Linaro Connect Asia，LCA14）上中兴宣布加入国际开源联盟Linaro，成为该联盟Club Member成员。加入联盟组织有利于先进技术的沟通交流，更利于全球开发者更好地享受基于中兴通讯研发平台的开源成果。

3. 产学研合作，研发投入力度大

通信企业直面市场，能够更好地预测产品技术，更好地判断专利的价值；而高校具备充足的理论知识，通信企业与高校的产学研合作，既能促进高校技术与产业实际结合，也能促进企业技术提升。2009年，中兴通讯发起成立"中兴通讯产学研合作论坛"，这是国内通信业界规模最大的产学研合作组织，吸引了中国移动、中国电信、中国联通三大运营商旗下的研究院，到目前已有24个成员单位；与国内外32所知名高校开展合作，如清华大学、北京大学、北京邮电大学、南京大学、东南大学、南京邮电大学、南京艺术学院等；与高校、科研院所的产学研合作项目已逾百项，日常通过网络、行业期刊等方式交流沟通，传递研究成果；具体项目由中兴发起公告，由学校进行认购，如果双方达成一致协议，就进行项目的合作。产学研合作是推动通信产业结构升级的重要途径之一，共同推动了科研成果加速向市场转化，提升国内通信产业链的全球竞争力。

同时，中兴与全球范围的运营商建立了10个联合创新的实验室。利用国家"千人计划"的契机，专门成立了"海外人才基地"运作办公室。中兴通讯在构建与完善产学研协作体系的同时，将能否创造竞争优势、能否带来商业价值作为公司考量专利含金量的重要指标之一。中兴总裁史立荣表示："创新是个大课题，但绝不是天马行空。"中兴一直把创新视为提升企业核心竞争力的重要途径，注重产品技术研发和知识产权管理，正是基于这一认识，除加大技术研发外，创新同样离不开资金的支持。中兴通讯不惜重金，稳定、高强度的科研开发投入保持多年不变，每年的研发费用占销售总额的10%，近几年更是达到14%以上。即使是在全球经济危机的背景下，中兴通讯的研发投入增速仍超过了收入增速。据统计，2005~2009年，中兴通讯累计投入研发资金150亿元，其中，仅2009年就高达50亿元。近四年的研发投入在300亿元左右，研发的费用包含知识产权投入费用，这部分投入费用也是非常高的。

三、中兴公司的激励制度

（一）中兴知识产权激励制度

在中兴通讯的经营理念中，激发员工的创新意识被视为企业知识产权战略的根本保障。作为中国研发人员最多的高科技上市公司，中兴通讯有近3万名研发工程师，约占公司总人数的四成。研发人员是公司专利创新的主体，如果员工的创新成果得不到相应的奖励，将大大阻碍员工创新能力的释放。中兴通讯不断通过制度来保障"每一个中兴人都乐于创新"，近年中兴通讯每年在员工个人专利创新激励上的投入超过1000万元，中兴从20世纪90年代开始申请专利，到现在为止已经具有比较高的专利积累，在知识产权激励制度方面是非常成熟的，这也促使中兴通讯近3年连续蝉联国内专利申请第一，使公司成为"乔布斯们"的生长土壤。2012年4月23日，中兴通讯表示正在重新制订员工知识产权激励办法，将加大对员工申请高质量专利的奖励，从而带动公司更多基础专利、核心专利的产生，并进一步推动专利的标准化。

为鼓励和促进研发人员积极创新，中兴通讯早期建立了一套较为完备的专利产出保障体系，包括政策保障、人事保障及奖励保障。在政策保障方面，中兴结合通信行业内环境，从自身的实际出发，制定了一系列完备的保障创新政策；在人事保障方面，中兴专门设有由执行副总裁担任主任的专门知识产权战略办公室，总体负责公司知识产权战略的实施，成立了拥有200多人的知识产权工作团队，同时建立了高效的、以法务部门和标准部门牵头，其他所有部门配合的全员协同作战模式；在奖励保障方面，中兴通讯建立了完备的专利奖励体系，从专利的开发阶段到专利的管理和运营阶段分别设置了不同的奖励，例如在专利运营过程中，设置产品专利被许可等方面的奖项；在企业诉讼方面运用的一些专利以及进入美国、欧洲的专利，都会进行一定的奖励。具体包括专利申请奖、专利授权奖、专利增值奖、专利标准化奖、专利分析奖、专利推动奖、专利运营奖等十余种奖项。

在知识产权专利生命周期里，会有各种各样的奖励政策。专利激励制度全程覆盖专利价值周期，从专利申请到授权，成为基础专利、标准专利，以至转让许可等各个环节。除了这些奖励以外，中兴每年会评选一些比较优秀的发明专利、授权专利，对公司研发体系进行通报奖励；还要评选在知识产权工作领域成绩特别突出的十大发明人，实行重金奖励，尤其是获得欧美专利的发明人，中兴通讯在职称、薪资待遇各方面都会给出丰厚的奖励。根据专利价值大小，研发人员还将获得不同的奖励。普通专利的研发人员一般可获得千元左右的直接奖励。员工除了获得专利申请成功的初次奖励外，未来还将依据所申请专利产生价值大小获得相应的追加奖励。如果公司从转让或者许可某项专利获得直接收益，那么该项专利的发明人（员工或团队）可按相当比例分享收益。随着专利储备的不断增加，公司已从原来以专利申请奖为主转变为以创新奖为中心。奖励表明了公司对发明人创新成果的充分尊重，极大调动了员工发明创造的积极性，中兴通讯还专门设立了一个创新基金，成立了"深蓝计划"及"创新俱乐部"。

（二）中兴人才培养激励制度

中兴通讯发展了短短20多年，就拥有惊人的专利储备，取得了一系列自主创新成果，并在通信领域处于技术领先地位，正是源于其不断扩张的人才储备和始终坚持的人才创新战略。中兴通讯在人才培养方面建立了一整套培训、使用、激励机制，推行"三线晋升"制。中兴认为单纯通过高工资、高待遇引进人才还不够，应实施以人为本的人才战略，特别是给人才充分的发展空间，培养和利用好人才，真正做到"待遇招人，事业留人"。

表2 2013年中兴通讯员工职位分类情况

类别	员工数量（人）	约占总人数比例（%）
研发人员	25874	37.5
市场营销人员	10524	15.2
客户服务人员	12993	18.8
生产人员	13042	18.9
财务人员	858	1.2
行政管理人员	5802	8.4
合计	69093	100.0

中兴通讯会对刚入职的员工进行封闭式的培训，如请国家知识产权局、国外知名律师对员工进行培训等，针对培训的不同内容恰当嵌入与知识产权相关的内容。针对不同岗位，以师带徒、一对一的方式训练员工。在中兴通讯，入职两年以上的研发人员中，90%以上都参加过知识产权布局和风险排查工作，知识产权意识深入人心。在人才积累上，中兴通讯的知识产权人才基本上都是同时具备法律背景和技术背景的复合型人才，并在商务能力上不断拓展，形成从高端到中端的人才体系。中兴通讯对研发、市场和管理人员都有经常性的知识产权培训，如知识产权基本知识、专利文献的有效利用、专利风险的有效控制、专利竞争等培训，通过培训来改变意识，通过意识来影响行为，通过强化行为形成习惯。中兴通讯还根据人才发展的三大方向形成了"人才管理的三条跑道"，推行"三线晋升"制。公司为内部员工提供最大、最合适的发展空间和机会，让他们在管理、技术、业务三条跑道上都能有所尝试并找到最佳的位置，而且这三条序列既平行发展，又可交叉选择。即使一名员工不善于管理，但其技术水平过硬而成为技术序列的佼佼者，那么他也可以享受与管理序列的突出者一样的待遇。在这一职务体系下，员工一般都能找到最适合自己特长的岗位，并在那里实现自己的价值。这可以看作中兴通讯在人才创新方面一直坚持的"以人为本"理念的体现，避免了人才错位等不良现象。

中兴通讯在北京、上海、深圳等3G人才集中区以及南京、西安等技术人才高密度区域都建立了"本地化人才基地"。中兴通讯对海外员工的管理也遵从了"人才本地化"的策略，同时辅以母公司派遣的策略。对于像中兴通讯这样的国际化企业来说，海外市场的人才管理直接左右着其市场业绩。此外，中兴通讯将最新的人力资源管理理论与企业特色相结合，设立了一项干部竞聘和直选制度。中兴通讯的中层干部全部公开竞聘上岗，而基层干部则由基层单位所有人员直选产生，所有干部都有任期限制。同时，用制度来保障竞聘或直选过程的公平、公正、公开，令员工信服，也调动了员工的积极性。

正因为有这样的人才培养战略，公司逐步形成了一支强有力的人才创新队伍。2001年，中兴通讯获教育部"珍惜人才奖"，并入选"中国大学生就业首选企业"。2003年9月，中兴通讯荣获中国IT行业"最佳雇主"称号。2005年7月，中兴通讯被评为"中国大学生最佳雇主"。可见，中兴通讯自始至终实行人性化的弹性人才管理制度，认真构建学习型组织，打造可持续发展的学习生态圈，助力客户高效完成人才培养及知识运营，并努力实现外界认可的人才创新理念。

四、政府辅助

（一）提倡建立国内专利联盟

中兴通讯提倡政府辅助企业建立专利联盟，现在全球越来越多的NPE非经营实体企业攻击我国的通信行业，俗称"专利蟑螂公司"。这些公司通过收购、孵化等渠道获得专利，从专利系统中套利，并常常以专利诉讼逼迫目标企业缴纳"保护费"（专利授权费），从而获取巨额利润。NPE非经营实体企业分为两种：第一种是像微软、索尼、苹果投资企业的专利经营公司，噱头在背后资金支持，自身有专利研发人员，通过收购专利攻击我国的厂商。这些公司目前起诉的重点是亚洲地区通信行业，这对于中兴通讯来说，打击是非常巨大的。第二种是传统的科技巨头通过收购专利或者成立基金，资助独立发明人获取更多的核心专利，以此来逼迫目标企业。如高质科技有限公司，一方面寻找独立发明人，另一方面寻找高校收购专利。它们收购的专利是能够在市场上转化的，一旦获得这些专利，就可以当作武器起诉目标企业。

对于国际"专利流氓"，中国的企业可以与之抗衡吗？除了华为、中兴通讯现有较为充足的专利储备与专利布局外，中国专利企业暂时还没有开始筹建自己的专利池，所以在这方面，国内的企业是很难有效应付的。因此，中国应该成立自己的专利联盟，甚至江苏省的企业都可以成立专利联盟。将不同企业的专利组建专利池或者专利联盟，用这些专利共同打击国外厂商，与其进行专利许可的谈判。专利联盟还可以是泛泛而言的联盟，比如索尼、东芝和日立三大企业在日本政府的撮合下达成联合协议，共同应对在中小液晶面板领域与韩国、中国台湾企业的竞争。韩国三星与LG两大企业联手同高通进行谈判降低CDMA专利费，占据了CDMA手机全球霸主地位。目前我国应对商业巨头的挑战时，单纯用某一行业的专利去竞争，还是比较有难度的。而韩国三星从产业链上游的内存芯片、显示器，到下游的终端如手机、电视、计算机、空调等，都具有相对完整的系列专利。如果企业与企业间相互联合，那么我们国内企业在与国外企业竞争时，就能进行很好的保护与防御，这一政策必须由政府牵头，与各企业协商共同达成协议。因此中兴通讯非常希望政府出面，建立国内的专利池或专利联盟，使民族企业能够抱团征战海外。

（二）资助企业技术创新项目，提供平台支持

中兴通讯希望政府在专利申请与授权方面资助企业技术创新项目。虽然现在国内有关于专利申请与授权的政策，但与欧美国家相比是远远不够的，欧美国家申请授权一件专利需要10~20万元。中国企业走向国外，首先面临的是知识产权问题，知识产权保护具有地域性，企业所需投入成本是非常高的，从专利成本而言，如果只看到专利申请与授权是不够的。对于中兴通讯来说，有5万多件专利，授权专利有1.6万多件，每年专利年费都是递增的，从第7年开始，每件专利就需要将近2000元的年费，到第16年，每件的专利就需要近8000元的年费。所以随着专利授权数量的增加，企业成本也会大大增长，甚至维护成本超过每年申请专利的费用，给企业造成了一定的压力。近日，中兴通讯将获国家逾3亿元专项资金支持，在政府的支持下将更多的高质量核心专利更好地运用到市场中。

在海外，中兴通讯也希望政府能给予更全面的指引。由于海外市场大多是海外厂商已经占领的市场，中国企业往往需要付出很大的代价，不但要有过硬的技术、低廉的成本、优质的服务，还必须深入了解当地的政策、经济、法律、文化、行业等各方面的环境，并经历激烈的市场竞争，才有可能打开市场突破口。这一过程需要经历种种困难，如研究当地的环境、进行本

地的研发支持、应对海外公司的专利诉讼、反垄断诉讼乃至更多意料之中和意料之外的壁垒，其间任何一个问题都可能导致一个庞大的高成本的计划流产。2014年4月，中兴通讯因涉及一些美国的禁运产品，被取消了总值800万欧元的市场合约。在此之前，中兴、华为等中国厂商已多次在欧洲、美国、印度等市场被认为"威胁国家安全"而遭到排斥，多项合约或并购计划被当地政府否决或被迫取消。因此，中国企业在海外需要获得更多的政策资源或信息资源。目前因缺少统一的平台，中国企业须自己去研究各个国家的知识产权创新、出口管制、劳工、税收等法律环境，还得独立应对海外企业的反倾销诉讼，中兴通讯就有超过100名员工专门负责全球的知识产权工作。如果政府能在这方面提供关键性的平台支持，比如国家驻外使馆设有专门的科技官员，为本国企业提供海外的法律咨询、知识产权服务等，将对中国科技企业走出海外有巨大帮助。

（三）加强中国国际标准化工作，强化知识产权工作

国际标准化工作是国际大家庭共享国际资源、为人类造福的必不可少的工作，更是一些大的电信企业不能不关注的工作。利益所在之处，竞争在所难免。谁掌握并领导着先进技术的标准，谁就能拥有市场主动权，否则就会受制于人。标准化工作在推动先进技术的发展和应用乃至在人类社会的经济建设中都占有十分重要的地位。我国政府及产业界积极参与国际通信标准化活动，有利于推动中国由通信大国向通信强国的战略转变，目前中国制造的通信设备在努力争取世界市场方面也取得了可喜进展，五大洲都能见到中国通信产业活跃的身影。

为实现我国通信强国目标，让中国的通信产业占领国内市场，进军国际市场，中国巨大的市场、优秀的人才以及已经形成的世界第一的通信网和生机勃勃的通信制造业，呼唤着中国的通信标准化工作走上一个新台阶：①政府应进一步提高参与国际标准化工作的意识。国际标准化工作不应局限于接纳外国的技术，更要把中国自己的技术和品牌推出去，用它们去影响世界。中国在这方面的意识还远远不够。好的思路不仅可以在国内自己发展，还应该拿到国际舞台上，把中国的技术变成国际技术。这样做，对于中国企业实施走出去的战略是非常必要的。②充分利用国际电信联盟（ITU）、国际电工委员会（IEC）和国际标准化组织（ISO）等国际权威组织。在ITU、IEC和ISO等组织内，中国与其他国家的地位是相对平等的。在当前中国的整体实力还不能与发达国家全面抗衡的情况下，尽量利用权威的国际组织，特别是国际电信联盟这样的机构，来提升中国的地位应该是上策。③熟悉国际标准化规则和环境，对于国际组织的不成文规定，中国企业更要尽快了解。④强化中国知识产权工作。在国际电信标准化过程中，知识产权问题越来越引人关注。中国企业的专利意识一直很薄弱，建议政府加强知识产权宣传，中国企业加强知识产权方面的努力，并积极参与国际标准化组织中关于知识产权的政策和实施办法的研究工作，以早日摆脱被动局面。政府和产业界只有将标准化工作放在战略高度给予充分重视并积极参与，甚至主导标准研究，中国通信强国的战略才能得到更有效的实施。

五、启　示

回顾中兴通讯的发展历程，企业能够走向成功，走向辉煌，硕果累累，主要有以下几点原因。

（一）国际化战略

实行国际化战略是中兴通讯早期在开拓中国国内市场时所确定的。之所以做出这样的决定，主要基于两方面原因：①当时认识到自身所面对的都是北电、朗讯这些通信业国际巨头，

如果企业仅局限于国内市场，就不能与竞争对手并行在全球范围配置资源，获取全面的竞争优势。②中兴通讯当时认识到国际化是中国企业的必由之路，因此实行"走出去"战略。事实也证明，中国IT和通信企业率先"走出去"，为中兴通讯最大限度缩小与跨国厂商的差距，在国际市场的竞争中掌握主动权赢得了先机。特别是最近几年，国内通信业在历经多年高速发展后，增长速度放缓，中兴通讯及时将市场重心转向国际，在全球IT企业的低迷期，仍然实现了令全球IT产业所瞩目的、持续的高速发展，这在很大程度上受益于公司当年主动实行国际化战略。

中兴通讯在开拓海外市场时，选择稳步积累的国际化发展模式，坚持量力而行、循序渐进的原则。因为国际市场是一个需要高投入、高风险的市场，在国际化进程中必须把企业财务风险和市场风险的有效控制作为头等重要的问题来考虑；同时还必须根据公司当前的发展规模、实力以及企业国际化程度、企业管理等情况来确定国际化战略进程。中兴通讯从一个本土企业到国际化企业，实现了质的变化；中兴通讯将国际化定义为一种系统工程，即三个国际化：市场国际化、人才国际化、资本国际化，并按照这个系统稳扎稳打，取得了一定的成就。从市场角度看，中兴通讯已成功巩固了在亚非拉多个发展中国家的市场基础，具备了较高的品牌影响力，成为很多国家主流的电信设备供应商，并逐步扩大了在发达国家的市场份额和品牌影响力，提升了中兴通讯的品牌价值。在人才国际化方面，中兴通讯认为人才是企业发展的根本。在企业创立初期，中兴通讯就开始培养了一批熟悉国际市场规则、具备开拓精神的国内人才队伍和海外"本地化"员工。在资本市场方面，中兴通讯认为资本市场的功能，不仅仅是融资，更重要的是能够使企业按照现今国际上最科学、最通行的治理规范、财务制度运行，最大限度地减少企业的短期行为，接受股东和社会各方面的监督，从而促进企业长远、健康发展。中兴通讯正是因为实施企业国际化战略，才逐步在国际市场中站稳脚跟，成功走向海外。

（二）规范的技术创新体系

中兴通讯拥有独立的创新主体，拥有自主知识产权技术、产品和标准。层次分明、科学规范的创新科研体系，加上外部力量的有效支撑，使中兴通讯数年来在技术创新领域成绩斐然、硕果累累。

中兴通讯很早就意识到，一个国家、一个民族要想在世界上真正立足并赢得国际社会的尊敬，必须在高科技领域占据一席之地。因此，在中兴通讯创立之初，企业就将自主创新作为立身之本，一直坚持"技术立本"的路线，重视技术创新的作用，把研发放在第一位。中兴通讯认为内部研发和自主创新是提升外部技术吸收能力的根本，只有自身具备了相应的技术能力，才能在创新国际化和研发合作中受益。"技术创新是企业发展永恒的主题，持续的技术创新能力是企业可持续发展的原动力"是中兴通讯的宗旨，经过20多年的努力，通过逐步投入、逐步积累，中兴通讯逐步形成了以企业为主体的自主创新机制和具有高度创新精神的研发团队。目前，中兴通讯在3G（包括WCDMA、CDMA2000、TD-SCDMA）、NGN、数字集群、核心路由器、宽带数据、光传输等技术领域均已达到国际先进水平。同时，在技术与市场的结合能力以及应用方面，中兴通讯甚至已经超越了部分欧美厂商。在自主创新的基础上，中兴通讯已开始和国际上掌握核心技术的厂商，如英特尔、高通、爱立信、阿尔卡特等开展多层次、互补式的平等合作，并在中国通信制造领域率先开了向国外企业进行专利授权的"先河"。技术上的自主创新，也为中兴通讯在国际市场带来了历史性机遇，对于其有相当技术优势的产品，国外客户甚至能够接受价格高于其他跨国厂商的现实，可见没有强大的技术能力是很难争取到高层次的客户资源与合作伙伴的。

中兴通讯根据客户需求和企业发展需要建立的技术研发体系，非常科学化、规范化。其实行的决策管理机制，分为三级管理、两层规划：第一级为公司战略规划委员会；第二级为公司总部技术部门，这两级管理面构成技术战略规划；第三级为各产品事业部，构成产品规划。这样一个逐层推进的决策体系，保证了技术的研发和应用流程的通畅，使技术创新顺利进行。在管理上将产品开发分成系统设计、开发、测试三个部分，设立产品经理，以产品为主线，使开发工作与市场需求紧密结合，加强研发管理的有效性；强调产品经理对产品开发的全过程负责。从而在程序和流程上有了可靠的保证。经过优化流程，使公司的技术研发有了可靠的程序保证，并且在人、财、物方面得到了合理的调配，使资源得到了合理的利用，不仅提高了研发的速度，而且为研发的顺利进行开拓了道路。

作为一家高科技企业，中兴通讯能有今天，离不开自主创新，创新是企业核心竞争力之所在，是可持续发展的原动力，坚定不移地坚持自主创新、打造自主品牌是中兴通讯国际化的灵魂。

（三）成熟先进的营销模式

中兴通讯睿智且恰当地把握了时代赋予的市场需求，科学的区域市场布局与重点纵深拓展策略，保证了市场的精耕细作与资源的最优化应用。其营销模式区域划分、界面明了、层级管理、权责清晰。国家、客户、项目均严格划分层级，并作相应资源配属。将全球230余个国家和地区，共划分为6个营区，每个营区下辖若干个片区，片区再管理若干个国家，全面、清晰而且精密。整个层级，短而平，运作更高效，对各级干部和员工的绩效按照日常固定资源分配，国家市场按照不同规模，分别驻扎四层代表处和五层代表处，对于大国四层代表处侧重性地投入资源，有助于重点开发大国市场。对于具体客户的管理，分重点大客户和一般客户，对于重点大客户如跨国运营商等，在客户总部成立总监办的同时，在客户各分支国家也对应任命分支客户经理。项目来临时，总监办和各分支代表处分别成立项目组团队。这样一来，在对跨国运营商大客户的开发、提升与巩固上，总部与分支可高效协同，全方位高质量地对接大客户。

中兴通讯成熟先进的营销模式与方法，孵化了市场开发、提升与巩固的巨大战斗力。从营区、片区到国家市场的滚动策划，到具体运营商、具体项目策划，策划始终贯穿于整个市场营销活动。充分地深入调研与分析，保证了中兴通讯对市场的真正熟透了解。调研、策划、执行、总结，是基本的模式与步调，真正贯彻了 PDCA 的执行理念。对于具体项目的操作，中兴通讯全程陪伴客户。顾问式销售协助客户做商业计划，包括商业环境分析、投资产出分析、网络规划以及具体业务模式和盈利模式的指导，还包括融资支持等。网络建成之后，协助其做网络运维管理。对于运行中的网络，通过深入分析日常经营数据，对客户后续网络扩容或者业务转型，都能给出良好的顾问式建议。中兴通讯在海外大量成功经验的传承，可以帮助更多客户更快成功，同时也实现了更大的自身价值。

（四）以人为本的人力资源开发机制

中兴通讯所实行的以人为本的人才战略是现代企业获得成功的关键。储备人才，在中兴通讯的人力资源开发中也是一个重要环节。充足的人才储备，为企业的持续发展灌注了生生不息的原动力。经过多年的发展，中兴通讯的员工从最初的几十人、几百人增长到现在的近7万人。其中，80%具有本科以上学历，1/3 的员工具有硕士以上学历。人才优势是中兴通讯巨大的无形资产，是中兴通讯得以长期保持健康、稳定、高速发展的根本因素。

中兴通讯对人才与企业的关系有着更深的理解，强调人才是企业最大的财富，人才是企业发展的根本动力；认为企业是人才成长的"摇篮"，培育人才是为企业发展增加后劲。在融合个人追求和企业发展的基础上,人才推动企业发展,企业则为员工提供成才机会,为员工搭建充分施展才华的舞台。中兴通讯明确地把人才定位在企业发展的战略高度去认识和经营,并从人才价值观念、人才资本理论、人才资本机制和实践四个层面落实人才战略,完善用人、育人机制。

(五)领导层对知识产权管理的重视

随着知识产权战略的深入实施,强化科学管理、优化管理机制作为知识产权战略实施的基础和保障,更有其独特的作用与价值。中兴通讯由于企业领导重视,中兴法律部设有知识产权科;企业本身拥有的知识产权较多,有专门的知识产权管理机构,其知识产权的管理人员也有较好的知识产权理论知识和实践经验,目前在总部,按照产品线设有20多位知识产权经理。在各地的分公司,还有85位知识产权联络员,负责总部与分公司之间知识产权信息的传递。领导逐步完善知识产权管理,重视知识产权管理,提升了中兴通讯的竞争能力,增加了企业经济效益,收获了实实在在的利益。

成功并不是一蹴而就的,中兴通讯的成功是多种举措"合力"作用的结果。中兴未来发展规划是:加大海外市场的拓展力度,同时继续巩固国内市场,实现国内、国际同步增长;到2015年,要将中兴通讯建成全球卓越的企业。我们祝愿,中兴通讯在国际化道路上越走越好,在创新之路上越走越远!

〔参考文献〕

[1] 冯晓青.企业知识产权战略[M].北京:知识产权出版社,2008:239-245.
[2] 尹作亮,袁涌波.知识产权与技术创新的作用机制研究[J].科技进步与对策,2007(5):12-14.
[3] 冯晓青.企业知识产权管理[M].北京:中国政法大学出版社,2012:63-68.
[4] 潘慧.企业知识产权战略的先锋——华为与中兴[J].广东科技,2007(5):15-16.
[5] 孙万东,修薇薇,刘晓青.企业知识产权战略论要[J].现代情报,2006(10):192-194.
[6] 吴国平.中国知识产权战略中的政府角色[J].知识产权,2006(6):39-43.
[7] 赵厚麟.对中国国际标准化工作的几点建议[J].中兴通讯技术,2005(4):10-12.
[8] 杨武.基于开放式创新的知识产权管理理论研究[J].科学学研究,2006(2):311-314.
[9] 徐红菊.专利权战略学[M].北京:法律出版社,2009:76-80.
[10] 李培林.企业知识产权战略理论与实践探索[M].北京:知识产权出版社,2010:150-156.
[11] 孟奇勋,李昌玉.论我国知识产权战略中的政府角色定位[J].科学进步与对策,2007(9):18-21.
[12] 黄淑和.企业知识产权战略与工作实务[M].北京:经济科学出版社,2007:69-70.
[13] 中兴通讯:自主创新的典范[EB/OL].中国知识产权报资讯网,http://www.cipnews.com.cn/showArticle.asp?Articleid=21674,2011-11-01.
[14] 李立.关于知识产权战略推进计划的几点思考[J].理论学刊,2000(6):85.
[15] 袁俊.企业知识产权战略与核心竞争力[J].航空科学技术,2003(6):11-13.

ZTE Intellectual Property: Based on Domestic towards International

Ma Shuo　Shen Yan

(Nanjing Tech University College of Economics and Management, Nanjing　210009)

Abstract: In the context of economic globalization, the strategic importance of intellectual property is extremely prominent, Chinese enterprises has become increasingly understand the intellectual property. Since the WTO, China has strongly advocated in the "going out" strategy, In the China's telecommunications manufacturing companies, a number of companies have recognized the role of intellectual property, what's more, the protection of intellectual property will rise to the height of corporate strategy, ZTE has played a good role model. In this paper, the main line of the article is ZTE intellectual property strategy system, the focus is described in terms of the intellectual property stimulate innovation system and the characteristics of intellectual property business systems and so on, to explore ZTE how to do and achieve corporate intellectual property pioneer model. Under the government's ultimate support and leadership of the company, ZTE will be the industry leader gradually. ZTE is leading our country into the international communications industry, and servicing in the world.

Key Words: ZTE; Intellectual Property Strategy; Incentive System; Intellectual Property System

南京灿华汽车电子：从被动到主动的知识产权战略

吴 琨　殷梦丹

（南京工业大学经济与管理学院，南京 210009）

摘　要：在知识经济时代，知识产权战略成为一个企业创新和发展的坚实保障。本文重点描述了南京雨花台区政府重点扶持的创新型企业——南京灿华汽车电子有限公司从被动到主动的知识产权战略推进之路。本文描述了灿华最初因知识产权保护意识薄弱受到侵害的血泪史，从中得到的经验教训；灿华在知识产权上的主动出击，从"抽专利"到"跟进专利"的探索，进行"全员专利"和"自主专利"的实践，并构建知识产权平台来提升知识产权保护的专业性；灿华通过坚持在低价值中创造高价值专利和提升专利转化率来践行公司自己的专利价值标准，最终获得持久而丰厚的收益。正是对知识产权战略的重视和落实使得灿华得以劈波斩浪，在行业中保持领跑地位，成为南京市知识产权战略有效实施的典范。

关键词：灿华汽车电子；知识产权战略；知识产权保护；专利保护；创新

阳光明媚的早晨，开着自己的座驾，你随手轻轻按下车内亮着的按钮，打开音响设备，音符随着歌曲的节奏摇曳跳动，显示仪表在你踩下油门后，迅速转动起来……这些舒心的车内设备正是来自南京灿华汽车电子这一年轻有为的公司。它虽然年轻，成绩却是非凡，作为汽车电子核心材料器件的生产商，灿华正经历着一次又一次蜕变。本文将带领大家走近这个公司，学习它在知识产权保护上从被动到主动的举措，感受灿华公司奋发向上的企业文化。

一、企业简介

南京灿华汽车电子有限公司（以下简称"灿华"）是汽车电子核心材料器件的制造企业，自 2010 年开始持续致力于 LED 发光器件和高对比度 LCD 的开发、设计、测量、试制工作。在批量生产和质量控制方面累积了大量的实践经验。目前为上海大众、一汽大众、福建奔驰等车厂配套，产品覆盖大众红、大众白、斯柯达绿、通用冰蓝、奔驰燃橙等国内高端汽车的全部产品。灿华在符合各种技术规范指标的前提下，可提供高一致性的各类车用 LED 和 LCD 产品，而且可定制波长、色坐标、饱和度和亮度。

（一）公司发展历程

灿华成立于 2006 年，它一步一个脚印，不断追求卓越，经过短短几年的发展，从微不足道的小企业发展成如今南京市科技创新重点企业。

它的前身是从事广播电视专业18年的菱亚科学仪器有限公司。而电视广播是比较传统的行业，没有太多施展拳脚的地方，公司总经理柳海平逐渐将目光转向了汽车行业。

2006年，灿华开始从事LED和LCD的专业性研究。2007年开始配合奇瑞汽车开发配套的光学零件和组件，自此正式进入汽车行业，开始在汽车照明与显示技术领域稳步发展起来，随后它又和包括江淮、上汽在内的一些公司进行合作。2008年底组建光学检测部门，对光、色进行深入的研究，并在当年建立了与日本同时期技术同步的光学检测体系，构建了柯尼卡全套的光学测试系统，并为部分客户提供了指导性技术服务。同年12月开始为整车厂提供内饰照明和显示部件的评测工作。

而灿华从2009年进入上海大众开始才真正发展起来，它为上海大众试制LCD显示和LED背景照明系统，并在这过程中通过自己的探索研究，逐渐具备了整车光电参数的测定能力。正是通过和上海大众的合作，在潜移默化中，灿华认识到知识产权的重要性。

随后灿华不断超越自己，对技术保护也越发重视。2010年初，灿华汽车电子正式迁至南京市雨花台区雨花软件园的核心区域蓝筹谷，同年4月成立汽车背景照明和显示系统检测服务中心，对外提供第三方产品检测服务，5月成立车用LED芯片设计制造部门。为了提高自己的生产能力，灿华在2011年组建了拥有7条流水作业线的生产制造部门，开始生产汽车内饰电子部件。2012年，除了南京市江宁开发区和六合区的高端制造部分外，灿华在雨花台区的软件、研发、核心部件制造的产值达2000多万元，加上江宁整机配套与六合部件生产公司当年的总产值就达7800多万元。2013年1月8日，南京市批复了灿华组建菱亚汽车技术研究院的申请，于是汽车技术研究院正式启动。菱亚汽车技术研究院下属的产品检测中心可提供送检报告服务，可提供按键雕刻和喷漆后对灯光的染色测量值，可综合评审和进行色度亮度校准。灿华目前主要是提供汽车电子嵌入式软件和硬件集成产品，给上海大众、一汽大众、北京奔驰等公司做整车电子部件的配套，包括定速巡航控制、组合仪表、空调控制、音响、天窗控制、换挡机构、整车内饰照明等。

灿华的专利数量成倍增长，知识产权保护的专业性大大提高，现在它在实施保护本公司知识产权战略的同时，还为其他企业提供知识产权保护方面的建议，帮助提高整个南京地区企业的知识产权保护意识。

（二）公司的业务

现在，灿华企业内部已经涵盖了各类与汽车相关的业务。它的汽车座舱背景照明与显示系统的业务如图1所示。

（1）造型配合是以三维数字模型形式，利用软件进行模拟测试和确认，对产品的各个极限状态进行多方位科学的方案评价并整改，涉及座舱内部的照明按键、地图灯、仪表盘、方向盘、排挡杆、灯光控制旋钮、音响主机、空调控制器等。

（2）逆向工程是通过实物测绘全方位地恢复原工程图纸并验证产品材料和各个重要技术参数，评估原产品的不足，提出改进建议，最后通过实现模拟原产品效果，在仿制基础上呈现出比原产品更低的成本和更优秀的性能效果。

（3）实施商改方案是在量产的产品年度改造中，用已有的数据模型经优化改良，对原产品量产后的不足和问题进行评估和改进，在综合考虑改造成本的基础上推陈出新，提出可行的商改方案。

（4）零部件开发是在整机效果、色彩、亮度、分辨度等参数确定后，开发固定材料、屏体厚度、连接方式、入射角和视角、灯光材料、发射角度、混合投射、结构方式、试验规则等，并实施样品试制与数据进行对比和验证，最后形成符合需要的成品部件。

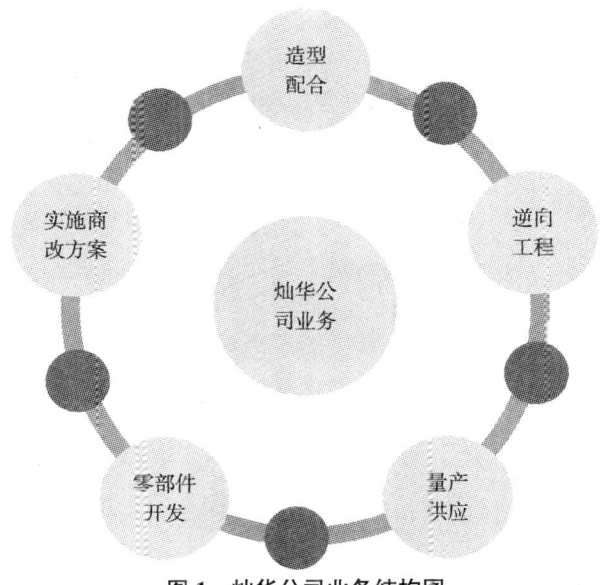

图 1　灿华公司业务结构图

（5）量产供应是经过各种试验后，固定所有的工艺流程和材料型号，经评审确认通过并实现量产上线。

灿华在业务上有强大的技术支持，从立项、设计、制样、试验、评审到量产、商改等各环节和阶段都实施全方位跟踪服务，在整车全程连续跟进方面，提出试验分析、部件配合、外观质量、功能缺陷及装配等方面的问题并提供解决方案，力求精益求精。

（三）企业掌舵人

论成功，灿华当之无愧，而推动灿华成功的正是总经理柳海平，与柳总接触过的每个人都被他身上散发的独特人格魅力吸引。

柳总是个地地道道的北京人，却在这片江南大地上追逐着他的梦想。从小生活在北京部队大院里的他，能接触到各种军舰和汽车模型，渐渐对拆解、组装模型产生了浓厚的兴趣。长大之后，他前往唐山铁道学院研修机车车辆专业。毕业之后，他曾在铁路系统短暂地工作过一段时间。凭借着对汽车行业的热爱与执着，他于2006年组建了南京灿华汽车电子有限公司，开始了他在汽车电子行业的从商之路。柳总几乎把自己所有的精力放在了灿华的发展上面，他希望带领灿华走好每一步。每每谈起公司，柳总都滔滔不绝，他的眼神中流露出父亲对孩子般深沉的爱。也是在他的带领下，灿华正一步一步超越自己，走向卓越。对于灿华现在的成就，他由衷地感到自豪。

成功只会眷顾努力奋斗的人。坚持自我，对自己梦想不断追求的这段经历，让柳总比别人多一份执着、坚毅与稳重。同时，他也把这宝贵的精神带进了灿华的企业文化中。灿华因他的领导而成功，人人都道是幸运之神眷顾他，但诚如冰心所说"成功的花儿/当初它的芽儿/浸透了奋斗的泪泉/洒遍了牺牲的血雨"，真正了解他的人，都知道他为灿华所付出的远远超出人们的想象。

二、"双十"节的侵权案

柳总曾说："有两种企业会重视知识产权：一种是在知识产权方面占过便宜，得到过好处的，还有一种是受过侵害，倒过霉的，而灿华是属于后者，也就是吃过亏的。"确实，灿华在知识产权保护的路上摔过大跟头，有过一段"血泪史"。但也正是这样一段经历让灿华深刻认识到专利保护意识和方法的重要性，在专利保护上得到了弥足珍贵的经验与教训。

这个事件要追溯到2010年。当时灿华为上海大众生产一款液晶显示器，灿华研发出产品以后，将签署过保密协议的产品图纸等一并交给河北的一家A公司进行生产，再由灿华把成品交给杭州的总装公司。那时的灿华对知识产权保护已经有了一些认识，设计了专门的公司LOGO，对产品也进行了商标注册等。与A公司协商时就规定了生产出来的每一个产品都应该标有注册商标、公司LOGO以及型号等一系列标志。但是这样的保护显然有些单薄，事实证明，一个企业除了要有知识产权保护的意识外，还需要采取有力的措施才能起到真正的保护作用。在合作一年以后，A公司觉得这个产品不错，就私自利用灿华的产品图纸生产该产品，直接卖给杭州公司，想从中获益，此时的灿华也没有意识到自己的利益在不知不觉中被侵犯了。

当杭州总装厂发现A公司提供的产品和灿华供应的产品一模一样，甚至产品上还印着灿华的LOGO和商标，就与灿华联系核实了情况，至此真相大白。

灿华了解情况后立即联系A公司，追究其责任。A公司起初用各种理由搪塞推托，不承认销售灿华的产品来谋利这一事情，但一下子就被灿华戳穿了谎言。它眼看掩盖不了事实，马上改口承认存在这件事，但却声称这无关侵权问题，它并不承认自己的错误。A公司认为有客户需要这个产品，它正好有能力多生产，就有权利自己生产了直接卖给他们，并认为这是一件理所当然的事情，妄想将自己洗脱得一干二净。灿华柳总很不能理解A公司的行径，更不能容忍它这样的态度。从知识产权保护角度讲，灿华和A公司之间有着保密协议，按照协议所述，A公司不可以单独使用产品图纸生产，更不能私自生产以后卖给其他企业谋利。但是A公司坚持声称自己生产产品，不涉及灿华技术核心问题，是它生产的东西就可以卖，完全不承认侵权行为。柳总当时虽然特别生气，不过为了不影响后续生产工作，不想大动干戈，愿意大事化小，小事化了，于是要求A公司写一份反省材料并盖好公司章传给灿华，希望能通过这样的方式重新建立信任。但结果却让柳总非常失望，A公司草草应付，在反省材料中不承认它有侵权行为，对于知识产权完全没有一点概念。柳总决定给它一点教训，根据协议直接在它的保证金中扣除了10万元作为对灿华损失的赔偿。

这样一来，A公司就不认账了，声称没签过保密协议，连保密协议上盖过的公司章也不承认，最后竟提出保密协议上没写日期就不能算数这样荒唐的理由来推脱，但他们编出的任何理由在事实面前都是苍白无力的。柳总没有因A公司的死缠烂打和矢口否认而妥协，他列举了各种事实证明这个双方签署的保密文件的有效性，让他们哑口无言。事后，柳总回忆起当时的情形，觉得自己还是有些心虚，因为双方只是签署了保密文件，并没有经过正规的法律途径，在法律效力上还是存在一定的风险，也是从那时起他真正认识到了专利申请的重要性。

事情至此并没有结束，两方决定面谈。在2010年10月10日这天，A公司派来了10多个人，剃着光头，身着黑西装，手拉白布横幅，上写："农民工讨薪"，把前往公司唯一的电梯口堵住，占领公司办公室，在办公室内抽烟、打电话，严重影响到灿华员工的工作。柳总对他们这样的行为着实吃惊，怕他们有更激进的行为，同时也担心对公司声誉产生不好的影响。柳总立刻给公安局打了个电话，最后在公安人员的协调下，这件事当天算是压下去了。

"明争暗斗"，明争总是好处理，但暗斗却着实让人头疼。公安人员有其他的事情需要处理，不可能天天关注灿华这边的动态。第二天，有所谓的"代理人"打电话给柳总，用威胁的口气宣扬着要合法解决这件事情，暗示如果不归还10万元钱，就要对柳总的家人不利。在那样的情形下，柳总稳住了自己的情绪，没有轻易妥协。10月13日，公司召开研讨会，邀请检察院、知识产权局和政府有关机构的一些人员参与，主要讨论对这种威胁行为的处理方法。正巧，那两个所谓的"代理人"来了，把正在开会的柳总喊到门口，胳膊上布满文身的"代理人"，斜眼看着柳总，毫不在乎旁人，高声威胁让今天交出那10万元保证金。在场的人员都把这一切看在了眼里。柳总假装被他们的气势震慑到，称今天有事，愿意和他们约第二天商榷交钱，巧妙地打发了他们。回头就同公安局联系，策划好了第二天的抓捕活动。14日，柳总同两人通电话，让他们尽快过来公司商讨。在他们到达公司以后，公安人员随即赶到，识破了两个人的真实身份，原来他们只是普通的打工仔。面目被揭穿，两人感到害怕，立刻承认了错误，说明了威胁柳总这件事的缘由是A公司找到他们，让他们通过威胁的方法从灿华拿到那10万元保证金，他们可以从中得到一些分成。他们还主动揭去了胳膊上的文身，原来文身是假的，是用来吓唬人的。

"双十"事件平息了下来，但对灿华的影响却是巨大和深远的，此后灿华对知识产权的认识不再停留在科技创新和发展层面，而是真正将它重视起来，并采用合适的方法去保护它。柳总至今回忆起那件事还记忆犹新，他说，虽然版权是他们公司的，保密协议也签了，但是如果真打起官司来也不一定能全胜，因为A公司可以狡辩的机会太多了，这就是之前他们对于知识产权保护太过疏忽的结果，所以灿华后来加强了知识产权保护，保证公司在发展的过程中不再受到这样的侵害。

只有经历过磨难的企业才能更多地了解自己，挖掘自己的潜力。在那之后的11月，灿华就着手开始给一些产品申请专利，半年以后，他们的专利真正批下来了。灿华在申请的过程中发现时间很重要，申请书的精细程度也关系到申请的成败，"双十"事件惨痛的教训教会了灿华更加小心翼翼地对待每一件事，不放过任何可能产生威胁的漏洞，也许他们也是因祸得福。经过了"双十"事件后，灿华努力做好每个细节，发展得越发稳当。灿华对于知识产权保护的措施完全落到了实处，真正用实践去消化吸收了血泪史的教训！

三、主动出击

灿华在发展的过程中，远不满足原有的成绩，不断地探索科技创新，在知识产权保护方面越做越专业，也成为引领南京市知识产权保护风潮的先锋企业。在当初刚同上海大众合作时，灿华只是一个完全没有话语权的小公司，对大众要求签订的"霸王条款"也只有接受的份。和大众签订合同时，灿华发现大众的合同范本中有十几页专门关于知识产权的内容，包括知识产权分类和管理等，详细地列定了技术的归属，明确规定了知识产权隶属关系，只要是在大众产品基础上研发出的内容都属于大众，包括专利技术。虽然是"霸王条款"，但给灿华更多的是震撼和对大众知识产权保护意识的敬佩。和大众这样的大公司合作，灿华付出艰辛的同时收获了许多经验。灿华没有因为自己不起眼的地位而气馁，反而在和大众合作中的过程，沉下心，不断学习，用行动说话，随着对知识产权的认识不断加深，灿华学会了独立研发专利，逐渐跳出大众的束缚，自主申请新专利，渐渐有了自主权和话语权。灿华在专利申请的过程中也不断进行尝试，通过思考与总结，走出了一条不同于其他企业的专利保护之路。

最开始，灿华公司在研发的过程中，采取"抽专利"的方法。"抽专利"，顾名思义，就是一个产品研发结束，即实验完全成功并生产制造出成品后，再回头将研发中的技术创新进行提炼，抽取有价值的技术进行专利申报。灿华起初就是这样做的，这是一个非常简单省力的方法，因为最终生产出产品得到的技术相对研发中的技术是成熟的，同时公司研发人员通过不断的尝试，经历了一次又一次失败，得到一个又一个教训，对产品的技术了如指掌，对最终的技术创新也必然是了然于心。在这样的条件下，公司申请专利信手拈来，专利申请成功对公司、对这个技术来说都只是锦上添花的事。"抽专利"让专利申请变得简单易行、成功率大大提高，灿华当然非常乐意这么做。所以灿华曾有一段时间用"抽专利"的方法来进行它们的专利申请，起到专利保护的作用。

但是，简单易行不代表行之有效。慢慢地，灿华发现这样的做法对知识产权保护的力度其实很弱，这就是"抽专利"的漏洞，一个产品从开始研发到研发成功再进行生产产出成品，再等通过"抽专利"来申请到专利需要近3年时间。那么在灿华研发出技术以后到申请专利成功的这段时间里，最早研发出来的技术很有可能已经被别人使用很长一段时间了，灿华研发一个技术其他企业跟着用一个，虽说是很明显的侵权，但灿华却不能说别人山寨，因为虽然这个技术实际上是灿华的，但是却没有明文证明灿华的权利，这项技术没有任何的保护。而且在生产的过程中，该技术如果有问题又是灿华首先投资解决，其他企业只要跟在灿华后面拿现成的结果就行了。显然"抽专利"没有起到专利保护的作用，那就算最后抽取出来的专利价值很高，但被其他企业轻易使用，普及以后，也不可能是多么高价值的专利，只能是属于被人无偿使用过的低价值专利。在斟酌后，灿华果断决定抛弃"抽专利"的方法，采用"跟进专利"的方式来进行专利保护。

虽然"抽专利"的方法并没有给灿华带来多大的保护效用，但也许是机缘巧合，这个方法却让灿华深入了解专利的申请的方法，对于专利申请的流程、注意点等都有了详细的了解。灿华的学习精神在这过程中也发挥得淋漓尽致，它在申请专利的时候注意各种细节，发现任何问题都记录在案，所以这段时间的专利申请为灿华后续的专利申请工作打下了坚实的基础。

（一）跟进专利

简单地说，"跟进专利"就是边生产边跟进着申请专利。在行动初期，柳总一直在考虑这个方法的可行性，"跟进专利"存在很多问题，因为在研发生产的过程中，技术是不成熟的，这就导致了技术修改的必然性，不停地修改代表着提炼的专利也一定会随之改变，那公司需要申请的专利数就不可估量，所以这样做成本很高。虽然柳总有这一系列的担忧，但是"跟进专利"的优点是，专利保护的力度绝对会加大很多，所以，当时柳总和公司几个干部经过反复讨论，深思熟虑后，决定尝试一番，采取"跟进专利"的方法。

不出所料，"跟进专利"的弊端也很快凸显了出来。比如，他们有一个内部经常讨论的"抗静电"技术开发，为实现这个功能，从开始寻找方法到最后真正成功，其间经历了无数次修改，因为采取"跟进专利"的方式，关于这个技术的专利就申请了好几个，最后大部分被淘汰了。对于每一个技术创新的研究，灿华就注册一个专利，往往针对一个技术就会陆陆续续申请十几个专利，当然这里面也包括申请后没有跟进的，就是那些公司觉得没有意义而放弃的专利。如果只算最终留下来、一年一年往下交钱、往下续的专利，差不多会有五六个。

但是，经过一段时间的摸索后，灿华发现"跟进专利"是利大于弊的，虽然采用"跟进专利"的方式会花费更多的人力、物力和财力，到最后留下的专利也只不过是九牛一毛，但是灿华知识产权保护的力度却可以大大提升，对灿华来说，现在的投入完全可以避免后期更大的损失。前期的方法，灿华只要做一个，别人很容易就跟一个，灿华只能吃闷声亏。现在不一样了，灿华可以要求采用它的技术方法的公司停止生产，只有通过灿华授权的那些公司才能够生产，这样专利保护的作用就真正发挥了。

同时在"跟进专利"的过程中，灿华采用"双报"方法，也就是实用新型和发明专利一起报，来保证申报所用时间最小化。因为从专利申请到批准发下来有一定的时间差，所以灿华进行双报来尽量缩短其中的时间，保证知识产权保护的力度。

俗话说"自古成功在尝试，不尝试永远都不会成功"。事实证明，柳总的决定是正确的，灿华在"跟进专利"中受益匪浅。通过这样健全的申报系统，灿华的知识产权保护力度大大提高，在那次"双十"侵权事件后没有再受到过侵害。

（二）全员专利

现在，灿华公司知识产权保护氛围非常浓，这很大程度上归功于公司的"全员专利"政策。"全员专利"是指公司全体员工都要申请专利，每个人都有一定的指标要求，全体员工包含技术人员、管理人员和没有任何技术基础的文职人员。每个人每个季度都需要申请一定量的专利，这不仅是口头上的要求，更体现在公司的政策中。专利申请数量和质量已经放入了员工考核中，员工如果完不成任务，会扣除一部分年终奖，如果能够超额完成，会有很丰厚的奖励。

有人觉得这样做不合适，技术人员考核专利指标可以理解，但文职员工考核专利指标就过于严厉了。但是事实上，灿华确实在全员专利这个政策中收获颇多。在灿华的理念中没有完不成的事，文职员工虽然本身没有技术基础，但是他们完全可以同公司技术员工进行交流，自己学习一些技术和专利方面的知识，并通过协作完成专利指标任务。

公司采取"全员专利"政策，督促员工自主学习知识产权知识，提高专利申请水平，在公司形成了相互学习、积极向上的氛围，每个老员工都对知识产权有着深入的了解，每个新员工在入职前都会进行知识产权方面的专业培训，公司上下真正形成了一种知识产权文化。

如今灿华的20多个技术人员，每个人身上平均大概有4~5件专利，而文职人员也至少有1件。全员专利的好处在于提高整个公司对专利的重视程度，在潜移默化中，让专利保护的意识深入到每个员工的思想中。同时，这对于员工来说也是一个学习的契机，当你写不出专利的时候，你必定需要询问同事，交流的过程就是学习的过程，你一定能学到一些不一样的知识，也能加深同事间的合作与友谊。"全员专利"，两全其美，员工受益的同时公司也受益。而这些申报专利的员工都已报名并积极备战2014年度的专利代理人考试。

（三）自主专利

灿华从建立之初就一直坚持"自主申报"专利，尤其是核心专利。不同于灿华，现实中有很多的企业不愿意自主申请专利，主要是因为要花费人力和物力，所以它们更乐意去"借专利"，就是让代理公司给它们写专利。很多企业都是从盈利的角度考虑公司的发展，能节约就节约，殊不知节约的地方却是至关重要的。用那些公司的比喻来说，就是家里有两支笔，现在你要买第三支，明明前面那两支都能用，那又何必多花那些钱，它们认为能节俭就节俭，但问题就是它们节俭的地方其实并不合适。从另一个角度来讲，那些公司对知识产权的认识是不够的，在它们的理念里面，经济价值是不包括专利价值的，所以它们轻视专利技术申报。这样的公司表面上很"务实"，但实际却丢掉了公司非常重要的东西，"借专利"是它们眼光短浅的一个表现。

现在，代理公司随处可见，很多公司乐意去找代理公司完成它们的专利申请工作。代理公司一般都称其为科技服务型的企业，实行全方位服务，可以帮助客户打官司、做会计、写专利等，但是它们的开价也往往能把一些小公司给吓跑。代理公司写专利毕竟不是长久之计。如果只有一个专利需要申请，那是找代理比较划算，但是一个专利显然是无法支撑整个公司长远发展的，专利申请数量的增多是公司发展的标志之一。当专利申请的需求增大时，找代理公司写专利就不是一个好选择，反而自主申报会更省钱。

自主申报要求公司自己撰写申请，这就需要专业的知识产权人员，但是灿华并不算大型公司，公司人员不是很多，再设置专门岗位不符合实际，所以柳总就采取了全员学习的策略，也成了公司全员专利的一个主要原因。在没有外界帮助的情况下，柳总亲自带领大家一起学习专利申报，在自主申报过程中不断改进方法，大大提高了专利申报的成功率。

公司上下乐于学习，专注一致的精神让人折服。专利自主申报会有许多问题，灿华在申报中每次出现错误都会详细记录，并进行整理，日复一日总结，形成非常重要的申报纠错经验。申报退回的原因记录详细到标点符号、用词不当等细节，每条错误记录都包括时间、申报人、出错的技术或非技术性原因等。缺少专业的知识产权人员没有成为灿华的软肋，灿华反而厚积薄发，通过各种机制，让每个员工都成为知识产权的专业人士。从起初申请专利时的屡次修改到现在几乎每一个申请都能一次性通过，灿华用它的坚毅越过了一个又一个难关，在知识产权保护方面越做越好。

国家现在提倡自主申报，鼓励企业自己干，减少中间费用。灿华响应国家倡导，一直实行自主申报，公司员工几乎都是专利申请的好手。自主申报确实给公司省下一大笔资金，而这些资金可以更好地用来投入技术创新和公司发展中。柳总坚信，代理必然会慢慢淡化，抓大的，放小的，最终就剩下几家较大的代理公司，自主申报一定是公司专利申请的主要渠道。

四、平台搭建——知识产权促进中心和菱亚汽车技术研究院

一个好平台能够给企业提供大展宏图的空间，是企业向前发展的绝好推动力。灿华有两个完善的平台，对公司知识产权保护产生了巨大的影响。

（一）南京市雨花台区知识产权促进中心

南京市雨花台区知识产权促进中心是由雨花台区科学技术局为促进知识产权聚集区科技成果转化而设立的服务平台，在江苏省知识产权局和南京市知识产权局的支持下于2013年11月成立。本着"创新促进发展"的理念，以促进科技成果转化为目标，为企事业单位提供知识产权创新服务。灿华是其中的核心理事成员。

知识产权促进中心的成立经历了许多困难，虽然经费方面依然非常紧张，但已经开始自力更生进行一些业务并自给自足了。柳总认为促进中心在专利方面只要踏踏实实为企业真心服务，生存不会成为问题。现在中心的交易量至少可以支撑员工工资，中心每天都在正常运行着，包括中心基本的业务处理、网站建立和维护等，这些能给促进中心披上"盔甲"，配上"武器"，让促进中心运行更顺畅。

促进中心也让灿华知识产权保护更加规范和专业。促进中心得到了政府和知识产权局的支持，同时还有专业的知识产权人员进行知识产权和法律上的引导疏通。由于知识产权局和专业研究人员的加入，促进中心将灿华的知识产权模块系统地修整了一遍，并完善了托管评审机制，即在灿华专利申报前由促进中心进行评估，发挥了企业内部知识产权部门的监察作用。

促进中心的成功运行使灿华内部知识产权管理更加完善的同时，对灿华声誉的提高、市场的稳固以及对知识产权认识的加深都起到了很大的作用。中心成立后，灿华将暂时不用的专利都纳入中心的专利数据库，和中兴、华为等公司的专利放在一起，供其他企业去选择购买，这样可以对和灿华类似的公司起到一定的示范作用。

（二）菱亚汽车技术研究院

菱亚汽车技术研究院成立于2012年年底，是由灿华出资建立的一个独立的专利技术开发研究部门，与公司办公地毗邻，较近的地理位置方便了公司的开发研究与合作。不同于其他企业，灿华愿意花大费用在设备上，在政府补贴有限的情况下，为了做好检测工作，他们会购置非常昂贵的光学设备来保证检测的精密和准确，并且让机器保持正常运转，保证机器的使用效率。

在业务上，研究院在保证完成灿华实验研发等任务的基础上，再接外面专利评审等方面的

业务，提供包括检测等一些技术性服务与培训。

菱亚汽车技术研究院一直跟着政策走，在自身发展的同时带动周边企业的技术创新。在2013年7月，为了响应省市区有关企业内部高端实验装备对外开放，提升科技企业务实技术不断进步的政策，研究院分批次开放测试资源。除了之前已经开放的光谱检测中心外，此次开放60000V静电打击与测试装备，为周边企业的技术提升创造了条件。

专注可以塑造专业。汽车研究院致力于专利的开发与研究，经过多名技术人员和管理人员的努力，研究院已经取得了骄人的成绩。2013年，为应对雾霾污染的恶劣环境，菱亚汽车技术研究院首次配套北京奔驰E系列外置空气颗粒过滤器。该产品一举解决了北京奔驰E系车型空调过滤器系统前段水气分离风道的灰尘聚集问题，可有效阻挡浑浊空气中的PM150以上的悬浮颗粒，减轻对车内乘客的危害性，并大幅度延长了内置活性炭过滤系统的寿命，降低了该车空调系统的维护成本。研究院研究的这个产品在开发过程中已向国家知识产权局申报专利5项，并得到江苏省知识产权局和南京市知识产权局的高度重视，多次视察给予重要指示。

现在南京在发展中遇到一个很现实的问题，很多企业都只想要高价值产品的研发，而不想涉及生产方面，认为这样可以提升企业的地位，显得高端大气，其中南京软件谷就是一个实例。而柳总认为"专利技术只有转化为生产力才能真正产生价值"，所以灿华一直坚持生产和研发设计有效结合在一起。专利技术是不可以同生产分离的，当初汽车研究院建立的初衷就是更好地为生产服务。在研究院技术研究成功后，灿华立即将新的技术投入生产，再由研究院进行一系列的检测，保证整个生产的顺利进行，这样的模式让灿华平稳运行的同时，提高了专利申请的数量和质量，增强了专利保护的力度。研究院给了灿华另一个安全平台，让灿华可以在其中进行专门的专利研发、申请和管理，使其知识产权保护更加规范和安全。

（三）政府的支持

近几年来，南京市知识产权局全面落实《国家知识产权战略纲要》，在2013年发了《2012年南京市知识产权保护状况》白皮书，将知识产权保护提升到政府战略高度，给南京企业的知识产权战略制定和实施提供了政策支持。政府通过帮助企业提高知识产权保护意识，明确知识产权在企业发展中的地位；通过建立相应的知识产权服务平台，帮助企业在研发过程中提炼专利；通过组织企业领导、知识产权专员和技术人员进行不同层次的培训，提高知识产权保护的专业性；通过协调维权各方，帮助企业维权；通过加强企业知识产权专业交流，引导企业分享知识产权保护经验等。同时政府还可以完善知识产权激励机制，借助财政、金融、收益等激励制度来促进企业知识产权战略的制定和实施。南京雨花台区政府还把灿华列为重点扶持企业，给了它各方面的支持和鼓励，也正是因为政府的支持，灿华的知识产权战略才能够顺利开展。柳总说，在雨花台区政府和知识产权局的持续关注下，灿华的知识产权保护已经渗透到了每一张设计图纸、每一本技术规范和每一个生产零件的全方位研发与生产过程中，并在目前渗透到了LCD和LED等核心材料的生产过程中。

五、提升专利价值

专利价值的高低是知识产权保护持续关注的一个方面，但是事实却是高价值和低价值专利很难区分开来，社会上没有一个明确的标准来划定高价值和低价值专利。倘若把高价值专利定义为那些引起时代变革，彻底改变百姓生活的专利，那么真正的高价值专利肯定是凤毛麟角。高价值的专利包括那些革命性的专利，但和庞大的专利数量相比，这样的专利实在是非常少，就比如毛笔变成钢笔这其中专利的产生，迎来了书写便捷的时代；手机从键盘变成触屏这其中的专利，打开了智能手机的新篇章等。所以如果企业只去研究高价值的专利，而忽视那些低价值的专利，那么知识产权就不可能得到完全的保护。如果是无关紧要的小专利，有的可以交给外面的代理公司完成；如果是企业觉得价值高的专利，那么它必然会义无反顾地自己研究申请，内部组织申请，做到严格保密，所以真正高价值的专利一定是公司的核心机密。

（一）坚持标准，在低价值专利中提炼出高价值专利

对于专利价值的高低，社会上没有统一的标准，但是企业可以制定自己的标准，灿华就是这么做的。灿华认为价值的高低不是专利申请的关键，在申请的过程中灿华首先考虑的不是专利价值的高低，而是专利申请的数量。但灿华并没有因为求数量而放弃了申请专利的质量，它申请的每个专利都凝结了公司员工包括领导、技术、管理甚至文职人员的汗水和心血，每个专利都是经过深思熟虑的"作品"。经过这么多年的打拼，灿华已经不会在意外界评价公司专利价值的高低，而是一门心思专注在自己的技术研究中，也确实走出了属于自己的大道。柳总开玩笑说："高大上的专利少，阳春白雪；低矮挫的专利多，老百姓人人都有。虽说高大上的能挣钱，一把就能捞一桶金。但我们公司也有一些小的专利，滴水成河，挣得也不比他们少。"他承认高价值的专利确实是可以带来巨大的收益，但是公司只要不断坚持申请低价值的专利，也会走出一条不一样的成功之路。

经过几年的奋斗，灿华在保证专利申请量的基础之上，开始做起了专利转移，也就是知识产权转移，并且现在已经完成了好几笔交易，得到了一定的收益。2014年公司预计申请100件专利，根据现在专利申请量不断增加的趋势，灿华实现这个目标将会非常轻松。虽然外界质疑灿华申请的专利的价值，但现实情况是灿华申请的专利量排在全省前列，其中也包括一些价值比较高的专利，远远超过那些普通的企业。面对外界的质疑，公司坚定以自己的标准进行专利申请，不断提升公司整体的价值。灿华并不在乎外界对专利价值评价的高低，坚持自己的标准，柳总说过，只要是能促进企业的发展，提高这个区域的企业对知识产权的重视度，在灿华的眼里那就是高价值的专利。在没有统一标准的情况下，灿华形成自己的标准并一直坚持下去，在不断产生低价值专利的过程中提炼出高价值专利。

（二）注重转化，高转化率提升专利价值

灿华非常注重专利的转化率，它一直坚信专利真正的价值是体现在专利转化成生产力后的价值，而不是体现在专利的所有权或者是能卖出的价格上。如果企业只是为了获得专利的所有权而不是去实施转化，对专利来说无疑是一种浪费。企业卖掉专利也许可以获得一笔资金，对它们来说也是一笔收益，但是如果卖出去的专利没有转化成生产力，那对于专利本身来说也同样是浪费。灿华通过自身的努力，加上政府部门帮助灿华加强知识产权保护和专利转化的大量工作，知识产权成果转化率一直保持在95%以上。这是一个相当高的转化率，很难有企业尤其是灿华这样的中小企业达到如此高的转化率。灿华深知在产生专利的过程中会消耗大量的社会财富和公司的资源，申请下来的专利如果不能转化成生产力并获得利润回报，那么整个公司的创新积极性和能动性就会减弱。从大的方面讲，专利转化不能很好地实施会使创新成果无法产生有效价值，产业技术升级有可能停滞，这就会对经济产生不好的影响。所以在专利转化率上，灿华严格要求自己，除了那些后期发现没有多少价值的专利会卖掉以外，几乎所有的专利都能有效地利用，当然灿华的高转化率也一定程度上得益于其生产与专利技术研究相结合的方法。

（三）初现成果，专利价值的提升带来了丰厚的利润

专利的价值可以带动企业的销售，产生利润。拥有专利以后，灿华就多了一项收入——专利费，公司在知识产权这方面也更有主动权和话语权，而专利带给企业更多的是无形的利益。在没有专利的时候，各家企业拼的是价格，哪家价格低哪家能取胜，所以这样的价格战很容易导致恶性竞争，最后大家获得的利润都非常小。而专利保护的缺乏使得技术的拥有者损失最大，因为它们付出了成本，换来的收益却有限。在申请到专利以后，专利不管是高价值或低价值都能给拥有者相对的保证。专利存在的意义在于，只有经过专利所有者同意其他企业才可以生产拥有此项专利的产品，否则将受到处罚，这样专利所有者的权益受到保护，公司利润自然就能得到一定的保证。利润和专利有着直接的关系，例如灿华，在拥有专利以后，不再允许其他企业私自使用它的专利，每家需要使用专利的公司都需要和灿华达成合作协议，支付一定的专利费。这样一来，灿华的利润可以达到40%~50%。专利的价值还体现在产品的质量和先进性上。如今，虽然因为规模的问题，相比一些大的生产企业，灿华的销售额并不是很高，但是在产品的质量以及先进性上却是数一数二的。当问及灿华所处的行业地位时，柳总有底气地说："我们的产品，不敢说全国，至少在华东地区排上一二位。"

现在，公司产品的利润高达百分之几百，低的也有百分之十几。如果一个产品利润相对比较低，灿华就力求通过量来维持一定的利润。而那些技术含量高的产品，其利润整体加起来可以超过50%。专利价值和利润还有着承载的关系，在申请专利以后，灿华的销售额三年内连续翻番，柳总说这还不包括江宁和六合生产企业的销售额，仅仅是研发及核心部件的制造的销售额，可以想象专利带给企业多么大的收益。

六、启　示

知识产权战略会对一个企业的发展起到非常重要的作用，我们通过灿华公司的知识产权战略得出了以下启示：

（一）知识产权战略是提升企业自主创新能力的动力源泉

在知识经济时代，知识经济以知识和技术为主要动力推动经济发展，经济的增长和企业的竞争力越来越依靠创新。一个企业自主创新能力的高低也会影响到企业的成败，灿华实行知识产权战略，推动全员专利，建立激励机制和惩罚措施，提高整个企业的知识产权保护意识，这推动了灿华的自主创新，如今灿华年专利申请数可以达到100件，远远领先于普通的企业，获得了相当大的竞争优势。知识产权战略是企业自主创新的主要刺激因素，没有知识产权战略，知识产权无法得到有力的保护。倘若千辛万苦、费时费力研究出的新技术很容易被其他企业占有利用，变成它们的囊中之物，严重影响到本企业的利益，试问这样，企业还会有自主创新的动力吗？同样，对于那些抄袭和使用别人专利技术和创新的企业来说，既然可以轻松地通过其他企业研究成果获利，而不需要付出任何投入，也不会有什么损失，那它们还会愿意进行自主创新吗？所以，知识产权战略是提升企业自主创新能力的动力源泉，没有知识产权保护会严重阻碍企业的创新。

（二）超前的知识产权意识是知识产权战略实施的前提

知识产权意识是推进企业知识产权战略的原动力，是其实施的前提，越超前的知识产权意识带给公司的利益越大，对知识产权的保护源于知识产权意识的增强。哲学上认为"物质决定

意识，意识反作用于物质"，意识对于企业的行为有非常大的影响。灿华知识产权意识的大幅度增强得益于"双十"侵权案带来的深刻教训。正是强烈的知识产权保护意识让灿华在这方面的工作做到了极致，灿华的专利数量和质量都达到了非常高的水平。所以，企业要认清时代背景与当前形势，认识到知识产权的重要性，树立知识产权意识。现在是知识经济时代，拥有超前的知识产权意识可以让企业先于一般企业，获得更多的市场份额。

（三）企业家精神是知识产权战略实施的动力

企业的领导者是企业战略制定的核心人物。企业的发展方向和发展情况往往和领导者的视野和关注点密不可分，而领导者的这些特点正是包含在企业家精神中。企业家精神能够影响到企业发展的着重点和方向，知识产权战略的实施离不开企业家精神。只有企业的领导者对知识产权给予了重视，整个企业才会提高知识产权意识，提出切实可行的知识产权战略并将它落到实处。所以企业家精神在知识产权战略实施中起到了至关重要的作用。灿华是由其总经理柳海平一手创办并发展起来的企业，灿华的行动体现了柳总的意志和精神。他勇于和恶势力斗争的精神带领灿华渡过了"双十"侵权难关；他严谨踏实的精神带领灿华做好知识产权战略的每一个细节；他坚持创新的精神带领灿华不断突破技术难关，申请上百件专利……柳总的精神促进了灿华知识产权战略的实施。从案例中可以看出，知识产权战略的实施是企业家精神意志的体现，企业家精神体现在领导者能使制定的知识产权战略为企业营造一个积极创新的氛围，帮助企业更好地适应快速变化的环境，开拓市场，获得持久的竞争力。企业领导者要培养自己的企业家精神，带领企业实施知识产权战略。

（四）政府的支持是知识产权战略实施的保障

正如灿华知识产权战略的有效实施离不开政府的支持一样，政府在企业制定知识产权战略中起到了关键的作用，其作用集中体现在对企业知识产权战略制定和实施的有效指引、资金支持和运行监控。政府通过建立激励机制来刺激和保障企业的技术创新和自主创新，给知识产权保护提供肥沃的土壤。在鼓励创新的同时，政府还可以通过一系列保护措施来帮助企业实行知识产权战略，一方面，用政府职权来坚决打击盗版、假冒和山寨等知识产权侵权行为，加强知识产权的执法力度；另一方面，政府还可以通过制定一系列政策来维护知识产权战略的实施。要想全面提高我国企业的知识产权工作主体作用，必须在政府的强力推动下，形成政府、企业、市场三位一体的知识产权战略管理和法律保护体系。通过实例，可以看到政府的关键性作用，知识产权战略的实施离不开政府的支持，企业应该积极寻求政府的支持。

（五）知识产权人才培养是知识产权战略实施的根本

知识产权人才培养是知识产权战略实施的根本。知识产权人才培养应该从上而下，从领导人到下属员工，涉及公司的每个人。在人才培养上，柳总以身作则，首先增强自己的知识产权意识，提高知识产权保护技能，让自己成为一个知识产权方面的专业人才。为提升自身素质，他参加过由区政府组织的南京市知识产权研修班，在学习中深有感悟，能够站在企业长远发展的角度看待知识产权问题。他还参加过多次企业知识产权沙龙，和同行乃至其他行业的企业家共同商讨知识产权战略，分享知识产权保护的经验和教训。在提升自身素质后，柳总再带动整个企业内知识产权人才培养，通过知识产权促进中心定期给公司员工进行知识产权专业培训，提高公司全体员工的知识产权素质。现在公司每个员工身上至少有一件专利，一个技术人员申请的专利数更是抵得上有些企业整个企业的专利数。人力资本是推动知识产权战略的核心资本之一，所以企业想要长足发展，应该重视人才培养，为知识产权战略培养一批优秀的专业人才，支撑整个知识产权战略的制定和实施。

（六）知识产权奖惩机制的建立是知识产权战略实施的法宝

知识产权奖惩机制是知识产权战略的重点，也是其实施的保障。知识产权激励机制最重要的是把知识产权作为生产要素纳入收益分配中，鼓励企业员工以知识产权为目标，研究开发新技术和新产品，并推动科技成果转化，让知识产权工作贯穿在企业生产和经营中。企业的知识产权激励机制不可能一步到位，都是经过不断地摸索，形成符合自己公司实际情况的激励机制。灿华规模偏小，属于中小型企业，根据公司的情况采取全员专利的措施，对获得授权的专利项目进行综合评分并分级奖励，奖励工作做到了细化，突出重点并兼顾全局。同时也采取了一些惩罚措施，对不能完成指标的员工扣除一部分奖金。这样的奖惩制度既拉动了知识产权的申请积极性，又保证了一定的专利申请量。所以，企业需要为知识产权战略制定一系列的奖惩机制，通过激励和惩罚措施来推动企业技术创新，增强知识产权意识，推进知识产权战略实施。

（七）高效的知识产权运用是知识产权战略实施的目标

高效的知识产权运用是企业知识产权战略的目标。企业知识产权保护的最终目的不仅仅是通过审核、注册来申请个凭证，从而拥有专利所有权，而是在得到专有权后，更好地运用专利，并投入生产来获得竞争优势。灿华一直坚持着研发和生产同步的策略，有着极高的专利转化率，除了在软件大道有主要的研发和管理模块，在南京江宁和六合还有生产基地，形成研发和运用生产相结合的互动体系，有效地提高了公司的收益。灿华将知识产权工作纳入了企业生产经营和技术创新的各个环节，不断开发出拥有自主知识产权的创新产品，极大地提高了在国内市场上的竞争力。所以，企业在申请专利时应该以最终目标为导向，形成高效的知识产权运用机制，为生产运营、利润获得和企业发展而进行有目的、有成效的专利申请。

〔参考文献〕

［1］吴红兵. 我国企业知识产权战略研究［J］. 技术与创新管理，2007，28（4）：63-67.

［2］姚琳. 推动企业自主创新，提升城市创新能力——南京市雨花台区企业知识产权工作一瞥［J］. 中国发明与专利，2013（5）：1-4.

Nanjing Lenias Automotive Electronics：Intellectual Property Strategy from Passive to Active

Wu Kun　Yin Mengdan

(Nanjing Tech University College of Economics and Management, Nanjing 210009)

Abstract：In the era of knowledge economy, intellectual property protection strategy has given a solid guarantee for an enterprise's innovation and development. This paper focuses on describing intellectual property strategy from passive to active which is taken by the innovative enterprise (Nanjing Lenias Automotive Electronics Limited Company) supported by Nanjing Yuhua District Government; describes Lenias' tragic history resulted from his weak awareness of intellectual property protectionoriginally and the experience and lesson learning from the event; shows Lenias' initiative on intellectual property rights, exploring from "pumping patent" to "follow up patent", practicing "full members patent" and "independent patent" and building platforms to enhance the professionalism of intellectual property protection, and describes that Lenias' adheres to his own standards of patent value by creating high value patents in the low value patents which results in Leniasobtaining lasting and lucrative returns finally. It is Lenias' attention and implementation on the intellectual propertystrategy that help him gain continuous development and maintain the leading position in his industry, and as a result Lenias' has become a model for the effective implementation of intellectual property strategy in Nanjing.

Key Words: Nanjing Lenias Automotive Electronics; Intellectual Property Strategy; Intellectual Property Protection; Patent Protection; Innovation

福中集团：展开创新的翅膀

秦政强　张一驰

(南京工业大学经济与管理学院，南京 210009)

摘　要：作为南京大学的高才生，杨宗义放弃体制内的生活，创立福中，在珠江路卖电脑，掘得第一桶金。在成立的第二年，福中即以"3+3"创立品牌，成为立身之本，并迅速打开市场。继而，福中集团不断推动 IT 产业升级，以特许经营加盟连锁店走出珠江路，以并购具有领先技术微波治疗仪的南京新技术应用研究所成为行业领跑者，并以新的商业模式拓展到房地产、金融投资等领域。创新是福中的灵魂。一路走来，福中的成功与杨宗义以及福中集团的创新理念密切相关。

关键词：福中集团；杨宗义；创新

珠江路，一条总长 4.3 公里的马路，每天人来人往，熙熙攘攘，平淡之中演绎着南京 IT 业的风云巨变。1995 年，在南京的珠江路上，一间卖电脑的小店，名叫"福中"，它以行业的先驱者姿态应运而生。1996 年，福中"3+3"品牌推出，它改写了全球电脑行业三年质保的服务规则。1998 年，"福中电脑"率先获得微机生产许可证，成为珠江路上第一批能生产自主品牌电脑的企业，开启了福中电脑自主创新之路。2000 年，"福中电脑"向全国大力扩张，福中集团成为江苏 IT 行业"龙头"企业。2002 年，福中开始战略升级转型，在南京最繁华的新街口商圈，一栋名叫"福中大厦"的高楼显示着福中集团的品牌实力。2005 年，福中集团收购了具有领先技术的南京新技术应用研究所，力图成为医疗器械板块的领导者。2006 年，福中集团凭前瞻性的眼光进入房地产板块，创新商业地产的运营模式，在玄武、浦口、江宁打造超百万平方米的科技园。2009 年，福中奔驰在创新的路上，金融投资板块全力起航，全力护航实业板块。福中集团以科技创造未来蓝海，四大产业齐头并进。而这一切，与福中集团的创始人杨宗义先生是分不开的。创新、求变是杨宗义，也是福中集团永远的追求。

一、"3+3"，书生创大业

（一）英雄原来是书生

非常之人必有非常之识，非常之遇。杨宗义被誉为"浑身充满创新细胞的创业奇才"，这得从他的经历说起。杨宗义祖籍河北内邱，出生于南京，父亲是抗日战争时期入伍的少校军官。年幼的杨宗义从父亲的言传身教中继承了父亲坚忍不拔的性格。这使他以后在事业上受益匪浅。杨宗义 7 岁的时候父亲去世，家中姐妹众多，全靠母亲一手拉扯成人。充满磨难的不幸童年，让杨宗义尝尽人间冷暖，也让他比常人更加坚强和勇于担当。杨宗义在小学和中学时品学兼优，并长期担任班长。1982 年，他以优异的成绩考上南京大学化学系。

南京大学四年，除了在学业上精益求精外，杨宗义还参与学生工作，在学校团委宣传部担任了四年的学生干部，这充分锻炼了他的工作能力。1986年，他毕业被分配到南京市医药管理局宣教处做团委书记，踏上了仕途。随后他又被调任市环保局环保科研所任团委书记。然而仕途的一帆风顺并没有冲淡他对人文知识的热爱，他曾经报考过李泽厚的美学研究生和费孝通的社会学研究生，但两次都失之交臂。

海纳百川，有容乃大。复习考研期间广为涉猎的各类专业书籍为他打下了深厚的知识功底，特别是在思维的深度和广度上。哲学书籍给了他深邃的洞察力；经济学书籍则赋予了他了解人性、把握市场的本领；心理学书籍使他洞悉消费者心理，知道如何满足顾客需求。他在以后的商战中总能比一般老板多一分远见，从而领先一步，挺立潮头，笑看潮起潮落。他给自己的定位就是一位儒商。

考研未果，他索性寻求出国留学。很快，他就收到了美国宾州匹兹堡大学的录取通知函，并许以全奖，然而最终化为泡影。时至今日，那张录取通知书还被他精心保存。

杨宗义当时的心情非常低落，对团委的工作也开始觉得倦怠，勉强撑了一年后，就去了海南。在苦熬了一个月后，他用身上所剩的钱买了回家的机票。正是在这场失败之旅的最后，机会出现了。他在飞机上邂逅了一位年轻的新加坡老板，两人在短暂的旅途中建立了良好的友谊。临下飞机时，这位新加坡老板向他提出了加盟的邀请。

机会虽属偶然，但也只中意有准备的人。1992年，杨宗义应新加坡老板的邀请，来到了山东济南，成为该公司的成员。在那里，杨宗义显示了卓越的工作能力。第二年，他被公司派往南京，在珠江路设立办事处，负责该公司显示器在江苏的销售推广。

面对激烈的市场竞争，杨宗义凭着自己的勤奋和耐心打开了局面，没有员工，他自己送货；没有货车，他就骑自行车。那段时间，他接触了珠江路上几乎所有的电脑公司。每接触一家公司，他都会分外注意人家是怎样做生意的，人家是怎样经营管理公司的，事无巨细记在本子上，晚上回家再仔细琢磨，找到诀窍。两年下来，他也逐渐触摸到IT行业的脉搏，形成了自己的一套思路。现在他要大展身手了！

1995年12月，强手如林的珠江路上又多了一家电脑公司——南京福中电子设备有限公司。这家公司只有三个人，一间不足20平方米的店面。在每天都有新公司开业，又有旧公司倒闭的珠江路，没有人会多看它一眼。

（二）热情待客赢得商机

杨宗义秉承热情待客的态度，将做人和做事融为一体。一旦直面顾客，他会报以热情和微笑。顾客为这份热情和微笑所感染，不经意间往往会给予其丰硕的回报，这在创业之初发挥了重要的作用。

1995年12月，公司成立的第二天，杨宗义迎来了第一个进门的客户。这位客户是一位年近花甲的老者，在珠江路逛了一圈后看见了这家新公司，便走进来看看。杨宗义看见有人进门，主动热情地迎上去，请老先生坐下，与他攀谈起来。经过近一个小时的交流，杨宗义给老先生留下了很好的印象，但是对刚开业的福中公司仍然心存犹疑。当天晚上，杨宗义给老先生打电话，问老先生是否已购买电脑，老先生说："我还没有买，只是到珠江路去看看。"杨宗义说："即使您不买也没关系，只是想向您请教一下，从今天的交流中可以看出您对营销很有见解。"两人在营销领域畅谈了两个多小时。这位老者的确还没有买电脑，他是南京某著名高校的营销教授。连续几天的电话交流，这位老教授被杨宗义的毅力和热情感动了，不仅成为福中的第一个客户，而且教给杨宗义很多营销方面的知识。杨宗义也把他聘请为福中的荣誉客户。这位教授后来把杨宗义对他的公关过程和杨宗义的为人写入了他的营销教材，而这有效扩大了杨宗义的市场知名度。

杨宗义创业之初便以一份微笑换来了近百万元的销售收入，可见成功就在于真诚与热情。1997年12月的某一天深夜11点，他正在店里和员工们一起装机，突然进来了一位路过的纯粹看稀奇的顾客。他有足够的理由置之不理，这么晚了谁还会买电脑呢？然而杨宗义仍然热情地向对方介绍产品，并与之倾心交流。顾客最后还是走了，没有买任何东西，但出门的那一刻说"如果买电脑，我一定会来你们公司"。事后一个多月，这位顾客果然来了，这一次他带来的是他所在单位——南京化工大学（现南京工业大学）近期招标买电脑的消息，并热情地推荐福中公司。杨宗义果断出击，很快便赢得了南京化工大学这份价值近百万元的电脑订单。

福中屹立不倒靠的是服务，杨宗义要求员工把消费者当作朋友，如果你的朋友现在突然托你做事，你以何种态度帮他，那你就以何种态度对待消费者。这种基于平等互助之上的朋友关系让消费者和员工在交往中得到了尊重和满足。福中每年都有一个"零点行动"，在元旦之夜，福中所有的领导和技术骨干都彻夜不眠，守着售服电话，随时准备为顾客解决问题。

行胜于言。服务品牌的树立和巩固仅有承诺是不够的，行动是最好的试金石。福中正是不断地用自己的实际行动兑现着自己的承诺，赢得了无数消费者的心，始终名列"消费者满意的品牌"之列。

（三）福中打响"3+3"品牌

创业伊始，福中公司继续做新加坡公司显示器的代理商，靠着这块业务很快完成了资本的原始积累。"做代理只能做小，做品牌才能做大"。杨宗义深谙此道。他知道福中的壮大必须要有自己的品牌。可是如果没有特色，品牌何以打响？他在苦苦思索 苦苦寻找着。

这时，那些记载着他两年来在珠江路经历的小本子给他带来灵感。杨宗义发现，当时的消费者只知道两种机型，兼容机与品牌机。对这两种机型消费者难以抉择：兼容机价格便宜，但质量得不到保障；品牌机质量好，但价格却很高。如何寻求这两者的平衡呢？当时珠江路甚至放眼全国，并没有人去思考和解决这个问题，大家一窝蜂加入价格战。杨宗义很快找到了解决方案，即以兼容机的价格加上品牌机的服务。

1996年3月，福中打出了"3+3"服务牌，即零部件在3年内自然损坏，免费包换，再为顾客保修3年，实际上将电脑的保修期限由原来的1年延长到6年。当时，商家对服务的理解仅局限在送货上门、质量保修上，南京电脑行业的规矩是"兼容机保修1年，光驱、CPU保修半年"。消息一经传出，一石激起千层浪，珠江路上的同行们预言，这种不负责任的哗众取宠只会搬起石头砸自己的脚。但"3-3"服务却得到了用户的认同。这一年，福中兼容机和配件销售额达到4000多万元，企业也从此走上飞速发展的道路。

福中"3+3"的推出绝非偶然。对用户反映强烈的服务问题，珠江路电脑商都有所耳闻，但别人并未想到解决的办法。而杨宗义对各种配件的进货价、售价、保质期等进行逐一核算，发现电脑的使用寿命在7年以上，CPU、硬盘、主板等主要部件保质期为3~5年，更换部件的大部分费用已由配件厂商承担，他只要拿出很小一部分利润用于其他零部件更换，即可实现3年包换、3年保修。

就是这么先行了一步，让当时名不见经传的福中踏上了快速成长的轨道，奇迹般地发展起来。福中的做法也改变了珠江路的规矩。之后，电脑保修1年的行业规矩再无人提及。

1997年10月，福中公司与熊猫集团联合，建成了一条年生产能力达10万台福中牌电脑的"福中第一微机生产厂"。1997年，福中公司销售额达1.5亿元，成为珠江路电脑企业的前3强。杨宗义已经赤手空拳打得一片天地。

"3+3"售后服务迅速得到了消费者的认可，福中借助"3+3"实现了第一次创业成功。然而，随着企业一天天的壮大，企业管理模式已经不适应快速发展的需要。如何从小作坊式的运营走向大规模生产？生产、物流、销售、服务的组织模式如何更改？杨宗义碰到了一个又一个问题。经过反复思考，他认为："过去我一个人说了算，企业成长起来还这么做，只能走向死亡。2000年8月，我们在对组织结构和干部队伍调整的同时，制定了一系列规章制度，将生产质量控制、财务预决算、月度及年度目标、任务指标等都纳入了考核管理，把所有的工作全部制度化、文件化、规范化。比如，我们对生产线的工位进行了调整，将一条生产线每人做一道工序改为一人做两三道工序。这样，一条长线被切割缩短为多条短线，一条生产一个品种的生产线就变成能生产三五个机型的生产线。"这么一调整，福中电脑既保持了兼容机灵活配置、按需定制的优点，并且降低了成本，还由于产品品种的丰富、销售方式的灵活，很好地满足了消费者个性化、多样化的需求。

福中自2000年起就启动了企业标准化建设工作，全面推进标准化工作。对于企业标准化工作计划，福中明确规定要简单、实用，避免复杂化，除了借鉴别人先进经验，更要结合福中的实际。福中要求各部门密切配合，高度重视，尽快按要求拿出自己的标准化文件，先执行，发现问题再修改，逐步完善，直到制定出集团标准化管理手册。福中先后通过了ISO9001质量管理体系认证和ISO14000环境管理体系认证，在生产研发、管理、服务等方面严格按照国际标准，始终坚持"以科学技术为基础，以质量求生存，以创新求发展"的质量方针和"保护环境，遵规守法，预防污染，节能降耗，持续改进，和谐发展"的环境方针，制定了一整套规范化的标准，并一以贯之，严格实施。

二、借鸡生蛋，特许经营走出珠江路

福中大面积开拓渠道是在2001年初。在这个时候，经权威机构的评估，福中"3+3"品牌的价值已达1.34亿元。同时，"3+3"品牌对销售的牵动价值已体现出来，在苏皖地区的品牌影响也已形成。

2001年11月9日，一个晴朗的秋日，南京珠江路依然一片繁忙。福中集团在南京金陵饭店召开新闻发布会。此时的福中已在珠江路设有八家专卖店，同时在全国各地拥有150多家分店。这一天，离福中"3+3"实施六周年已经不远，记者们接到邀请时都以为这是一次盛大的庆典，庆祝"3+3"的成功。然而，他们再一次被福中的举措震惊了。福中集团在新闻发布会对外宣布3年内要在全国建立500家"3+3"特许经营加盟店，其中，2002年拟建100家。

这无疑又给沉闷的电脑市场扔下了一颗重磅炸弹。此言一出，业界同样是一片哗然，与六年前福中宣布"3+3"质保时如出一辙。人们认为，六年前，在大家都做一年质保时，福中提出"3+3"不过是抓住了机遇而已。可现在，中国电脑的发展正经历着一个前所未有的寒冬，整个行业一片萧条。福中要在3年内建500家特许经营连锁，可行吗？多年来，整个IT业界还没有一家推行过特许经营加盟连锁的先例。即便是联想、方正、IBM，也一直采取代理制的形式。过去做特许经营加盟连锁的行业，一般是快餐店、照相馆、服装店，这些产品比较简单，服务也不复杂。而电脑是一个复杂的产品，尤其售后服务更是如此。福中发展特许经营加盟，意味着在某些范围必须将品牌托付给加盟店去管理，它们能做好吗？福中的这一举措被人戏称为打气会，新闻发布会被媒体评价为"最来气的新闻发布会"。

其实，对于这些质疑，杨宗义并非没有考虑过。当时的电脑市场确实处于一个冰点时期，价格战、广告战几乎把可怜的利润吞噬殆尽，珠江路上一些做硬件的厂商正纷纷改行，有的去做餐饮，有的重新做国外品牌代理。然而杨宗义的战略目光非常人所能理解，他对于中国电脑市场的理解非常独特。杨宗义认为，"3+3"的成功仅仅是一个开始，是万里长征的第一步，而

"3+3"特许经营加盟连锁才是福中走向成功的战略步骤。与经销商合作发展特许经营加盟连锁店的消息对外发布后,尽管加盟福中连锁店组织需要交纳5万~10万元的渠道加盟费,全国各地与福中联系的渠道经销商仍然络绎不绝。

杨宗义认为,铺设渠道需要很多资金,在各地办分公司或设点开店所投入的费用很大,风险很高。依靠渠道做销售虽然是一条可行的路,但是,如果企业文化、市场运作思想、宣传计划、物流采购体系、营销模式不能成功地复制给经销商,经销商对厂商的忠诚度、认知度不够,渠道队伍就很难稳定。"3+3"服务形成品牌影响后,福中把从麦当劳那里学到的标准化管理思想融入进来,研究制定出一套标准化特许经营加盟连锁店的经营管理模式。这和融入"3+3"服务内容的连锁店的店堂风格统一,进货渠道统一,销售模式统一。通过"3+3"服务品牌招牌和遍及各地的专卖店,福中电脑的品牌形象很快传遍到全国各地。用借鸡下蛋、借力发财的办法开专卖店,品牌扩展的风险很小,无形的价值却能在短期内得到极大的提升。

三、以创新拓展新的成长空间

随着家用电脑和个人电脑的普及,IT产业市场需求增长呈停滞甚至下降趋势,IT产业的发展从强大的市场需求逐渐转为平稳,IT产业的发展将面临举步维艰的状况。面对市场需求的变化,企业都希望能充分整合现有资源,获得稳定的收益。根据大环境以及集团战略目标的变化,福中集团也开始升级,同时以狼一样敏锐的嗅觉开始了领域拓展和版图扩张。

福中集团转变发展战略,根据"不把所有鸡蛋放在一个篮子里"的原理将发展领域拓展到商业地产、医疗器械以及酒店连锁产业。福中集团的多元化发展战略属于复合式多元化,这是一种增加与企业目前的产品或服务显著不同的新产品的增长战略。属于传统产业领域的福中大厦和福亿祥酒店与属于朝阳产业的医疗器械公司和福中电脑相结合,可以有效对冲市场风险,并激发市场潜力。2003年,福中集团成功收购了南京市新技术应用研究所,开始了微波治疗技术研发和制造。2006年,福中集团与香港百年老字号福苑酒家合作经营香港福亿祥酒店管理连锁有限公司,旗下的两家连锁酒店位于南京重要商业区,都已成为南京高档酒楼的旗帜。传统产业的稳定性和朝阳产业的巨大市场潜力两大优势使多元化经营模式得到协调和平衡。

(一) IT产业:创新求变,与时俱进

在科技创新的带动下,福中集团IT事业部的新产品利润贡献率稳步提升。2012年,福中集团共有数十项最新研究成果在IT事业部转化实施。作为华东地区仅存的本土电脑品牌,"3+3"在新时期焕发出耀眼的光彩。福中电脑公司推出的多个系列自有品牌电脑在南京大学、南京财经大学、南京航空航天大学、钟山学院等高校以及省广播电视局等数十家企事业单位2012年电脑采购招标中,以卓越性能及"前3年包换,后3年保修"的金牌服务赢得采购单位的一致青睐,累计中标数万台。福中电脑在全省网吧的市场占有率稳居行业之首,在网吧渠道一路领先。在国际市场,基于"中国芯"的福中电脑产品以明显的性能和价格优势,不断拓展到拉丁美洲、非洲等新兴市场,全球市场份额也节节攀升。

2012年,渠道运营无疑成为福中IT事业群最大的亮点。五大国际电脑品牌齐集福中旗下,这凸显了大渠道的强大威力。福中代理的戴尔、宏碁、华硕等品牌捷报频传,不断刷新纪录,覆盖苏皖70余个县市,旗下500多家经销商,营业额数十亿元,稳坐华东地区渠道霸主地位。

2012年,福中电脑公司携手国内B2C电商淘宝网打造的福中淘宝官方商城也正式上线,以现代化的电子商务销售、通畅的物流系统和人性化的服务,给消费者提供一站式的购物体验,使消费者足不出户便能便捷地购买到福中实体店的商品。

随着IT产业的飞速发展，福中集团在信息化建设、软件研发上启动了全新的发展项目，推出了面向中小企业信息化的"一揽子"解决方案。2013年7月，福中集团IT事业群的软件研发团队专门针对广大中小企业研发的"福中进销存管理软件"正式在福中医疗高科上线运营，而其申报的计算机软件著作权也得到了国家版权局的批准，成为福中自主研发的知识产权软件，为福中集团核心竞争力提升再添动力。

福中集团引入计算机软件和物联网技术，针对社区医疗改革开始了小型化、网络化医疗设备的研发，并进一步开发了嵌入式医疗软件和远程医疗系统。如今，福中打造的市民健康管理系统、肿瘤中心平台系统、"3+3"服务平台等一系列重点项目已广泛应用于政府、教育、金融、互联网、制造、能源等行业和领域。2012年，福中软件公司销售额达5000万元。

2013年，"福中3+3电脑医院"项目正式启动，福中电脑昂首进军IT服务外包市场及电子资源回收领域。"福中3+3电脑医院"项目将以南京为起点，不断扩大规模和实力，从低端到高端，从南京到全国，成为全国性的IT连锁服务企业。

（二）医疗器械：行业领跑者

医疗器械产业是福中集团产业发展的生力军和主力军，2004年，福中集团兼并了南京市科技局所属的南京新技术应用研究所，该所是世界上最早开展医用微波技术研究的科研单位之一，其微波治疗仪在全国处于领先地位，具有很强的市场竞争力。

微波消融是一种治疗肿瘤的微创手术。医生对患者进行微波消融治疗时，在CT影像引导下，将微波天线针通过患者身体2毫米的微小针孔，直接穿刺到患者的肿瘤部位。由于高频电磁波的作用，肿瘤内的带电粒子、水分子等极性分子物质高频振荡，相互摩擦生热，达到90℃~100℃的高温，从而使消融区肿瘤组织发生凝固性坏死，并被患者机体陆续吸收。以肝癌为例，由于人体肝组织再生能力很强，新生长的肝组织很快就会填补原来肿瘤占据的空间。微波消融治疗肝癌的特点是消融时间短，治疗单个3厘米以下的肝肿瘤，手术消融时间仅为6分钟左右，而且手术的创面也很小，这大大减轻了患者的痛苦。医生临床治疗肿瘤时，可根据肿瘤的大小、数量，进行单点、多点、多点叠加或多次的消融治疗，最终使肿瘤全部坏死。

微波治疗通过一根探头刺入病灶，利用微波发热让病灶死亡。难点在于那根细小的探头上，以前的产品在烧死病变细胞的同时也会让健康细胞受伤。这是一个国际性的技术难题，福中的技术人员迎难而上，他们以30多年的实践经验，通过反复试验，在短短两个月内攻克了技术难题。紧接着，拿出样品并火速送到各大医院进行临床试验。疗效非常理想，各地医疗专家都给予了高度评价。微波医用技术多年前就应用在癌症治疗上，但一直只有少数大医院在使用，市场潜力巨大。随着人们收入水平的提高和国家医保制度的改革，人们对医疗服务的需求大幅增加。福中人看到了其中巨大的商机。以医疗器械为突破口，杨宗义的愿景是做该领域的技术领跑者。

福中医疗高科率先推出新一代计算机控制型微波治疗仪（肿瘤科专用），以智能、微创、人性化治疗手段给患者带来新的希望，世界领先，填补国内空白，于2010年成为国家卫生部"瘤内免疫靶向放疗联合微波消融技术"课题（二期名为：瘤内免疫靶向放疗联合微波消融技术治疗晚期癌症临床研究）唯一指定医疗器械产品，进入全国200多家三甲医院，目前已成功实施手术数千例。全国越来越多的三甲医院主动申请参加卫生部专项课题，引进新一代计算机控制型微波治疗仪（肿瘤科专用）。在全国开展微波消融治疗肝癌的100多家医院中，接受微波消融技术治疗的肝癌患者无瘤生存率从20%提高到50%以上，越来越多的中晚期肝癌患者生存期延长，生活质量显著提高。中国肿瘤微创治疗技术创新战略联盟理事长郑加生指出，微波消融治疗肝癌由于手术创伤小、患者疼痛轻、肝肿瘤消融快，大大提高了手术适应证，可在全国大力推广。

福中集团兼并南京新技术应用研究所后,通过引进人才、与大学科研机构合作,加大研发力度,推进了产品的技术升级和新产品的开发。2009年,首创微波静脉曲张治疗仪成为中国初级卫生保健基金会向全国200家三甲医院推荐使用产品;2010年,福中集团又成功研发微波肿瘤治疗仪,成为卫生部"靶向放疗联合微波消融技术治疗肿瘤专项课题"唯一指定产品。2011年,福中医疗高科"智慧医疗"应运而生,以500家微波消融肿瘤治疗中心为突破,通过对物联网、云计算等尖端技术的融合和对国内众多三甲医院、城市社区网络、专家智库的整合,福中医疗高科正在构筑起一片庞大的"医疗云"。在智慧医疗云计算平台上,全面整合医疗资源,实现数据大集中、信息大融合、知识大提炼,逐步建立"医疗云平台运营管理系统"、"医疗云终端综合管理系统"、"基础信息管理系统"、"数据增值服务与知识共享系统"等。

为了迅速提升福中微波产品在国内的市场占有率,福中医疗高科从2012年初开始,就经常召开经销商发展大会。总公司在全国九大分公司的基础上,增设影像事业部,加速产品的升级和市场拓展。2012年,福中集团前瞻性地将IT产业的技术优势嫁接到医疗器械产业,开发了国内技术领先的"健康小屋一体化解决方案",成功地在玄武、栖霞多个社区以及山东、辽宁、浙江等省的多个城市广泛推广应用,得到省市领导的高度评价。福中健康小屋一体化解决方案通过各项医疗技术和信息化平台,让社区居民及时了解和掌握基于个人健康数据分析的健康指标动态变化、个性化评价及建议,并以此来改善生活习惯、预防疾病,达到防病治病、健康管理的目的。2013年,福中医疗高科与美国华侨合作开发家用医疗检测平台,旨在建立居民自己的"私人医生"系统。该平台将收录上百万种病例及其对应的病理、数据,拥有成熟的检测系统,居民登录该平台,即可实现不用去医院,自己在家中通过常规数据分析,来判断身体的健康状态、检测疾病的目标。

为实现2014年前上市的目标,福中医疗高科在原有微波医疗器械产品的基础上,又开发了远程心电、体外诊断试剂、生化试剂等一系列产品。长期目标是通过技术领先,成为医疗器械行业的领跑者。

(三)房地产:探索独特的运营模式

福中集团在房地产经营中采取多元化经营模式,重点投入商业地产,并且始终保持自己的特色。从福中大厦到福亿祥酒店,福中集团凭借其出色的服务机制在房地产业中寻找立足之处。在综合性消费逐渐成为消费主流的今天,福中集团将福中大厦打造成集数码电子、娱乐、餐饮等于一体的综合性消费大厦。福亿祥酒店从一开始便高举高档酒楼旗帜,一改中低档酒楼高消费、低质量的不足。在硬件设计、服务品质、酒店氛围营造等方面追求服务水平的大幅提高。

2003年,福中集团以独有的战略眼光收购位于南京新街口的金都大厦,成功进入新街口商圈,开始踏入商业地产开发的新征程。福中大厦采用租赁式经营方式,达到一次性投资永久性获益的长久受益效果。如今,福中大厦地处新街口的中心地带,每年为集团创造利润数千万元。

福中从战略高度出发,选择在徐庄、浦口、江宁等地投资建设高科技产业园。以北大"中国芯"为核心项目的福中IT产业升级研发生产基地于2009年开工建设,目前一期工程已建成并投入使用,二期工程也于2012年9月开工建设。位于江宁的福中医疗器械研发生产基地于2009年同期开工,一期已建设完成,将联合通用、西门子、飞利浦、贝克曼等欧美医疗器械巨头,在江宁打造一个具有国际领先水平的区域性医疗器械产业园。福中将以极具前瞻性的眼光,集中优势力量打造规划设计符合功能定位,建设质量安全可靠、材料选择低碳环保、环境营造注意生态自然、物业管理以人为本、配套设施一应俱全的高科技园区项目。

（四）金融服务：为实体经济插上引擎

金融在现代经济中具有举足轻重和提纲挈领的地位和作用。金融服务是福中进行资本运作、投融资的重要平台，是福中远航的助推器。资本运作是企业发展到高级阶段的必然要求，它将引领福中的发展到达更高的境界。福中集团在"四五"规划中，制定了"有效增长、稳步开拓、多元产业、协同一致"的发展方针，确立了以实体经营与资本运营双轮驱动为内生动力，实现从战略驱动、能力驱动到资本驱动的战略性转变。

目前，福中集团在文化传媒、基金证券等多个领域进行战略投资，形成了一批新的企业群体，包括奥尼尔资本基金有限公司、亚洲并购投资基金公司等。此外，福中集团旗下的福信小额贷款公司投入运营一年来，发展良好，圆满完成了各项既定目标。

福中集团的多元化经营方式为集团创下了良好的经济效益。不仅在最初规避了IT业面临"瓶颈"的风险，也在无形中不断增强企业生命力。良好的经济效益背后蕴藏着成功的经营模式和无限的市场活力。

四、立足长远，寻求共赢

福中集团认为，企业需要高瞻远瞩，乐于付出。企业需要增强社会责任感，回报社会，这样可以增加企业的社会影响力。企业之间不仅有竞争，还有合作。福中以互惠互利为基础，积极寻求国内外合作伙伴，建立长期战略合作关系，实现优势互补。福中还建立鼓励企业员工积极参与技术创新的知识产权管理制度，群策群力，共攀高峰。

（一）以社会责任感提升企业内涵

杨宗义说："企业首先是社会的，然后才是投资者的。企业积极承担社会责任，已不是单纯的贡献和付出，它体现了一个企业的责任和觉悟，一个企业家的道德和良知。"杨宗义白手起家，自小尝尽人间冷暖，因而要比常人更懂得感恩和回报社会。作为充满社会责任感的企业家，杨宗义的个人生活相当简朴和低调，但在公益、慈善方面却总是出手大方。而这也为福中扩大了社会美誉度，赢得了消费者和社会公众的心。

从创业之初，杨宗义就开始回馈社会。在公司很小的时候，他就资助过面临失学的儿童。公司渐渐做大，他在慈善和公益事业上更加慷慨。十多年来，他在扶贫济困、捐资助学、赈灾捐款方面一直都踊跃争先，获得社会广泛赞誉。1997年，福中在南京成贤街小学、东南大学、南京大学设立了奖教金和奖学金。2002年，福中开始对口援助西藏建设；2006年，福中投入2000万元设立光彩事业专项基金；2007年，福中认购玄武区1000万元慈善基金。无论是2003年的"非典"、2008年的雨雪冰冻灾害、"5·12"汶川大地震，还是"4·14"玉树大地震，在每一次自然灾害面前，杨宗义都带领福中人踊跃捐款捐物，及时给灾区送去温暖。杨宗义的慈善义举得到了社会的高度认可。2004年、2005年，杨宗义连续两次荣登《福布斯》中国慈善榜。2005年和成龙、李嘉诚、霍英东等知名人士一起，荣获国家民政部颁发的首届中华慈善奖；2013年12月，杨宗义再次被中共南京市委统战部、南京市工商业联合会、南京市光彩事业促进会联合授予"光彩事业之星"称号。

滴水之恩，涌泉相报。杨宗义不会忘记大学期间因为家庭贫困南京大学给予他每月18元的生活补助。2010年12月，在福中成立15周年的庆典现场，杨宗义斥资1000万元捐助教育事业、光彩事业、文化事业和贫困地区，南京大学党委书记洪银兴教授作为受捐单位代表接受了捐赠。2011年5月，杨宗义又一次性捐赠1000万元，支持南京大学创建世界一流大学。除了设立奖学金和大笔捐赠之外，他还多次到大学开展讲座，与莘莘学子一起分享自己的创业经历，传授创业心得和经验。

在杨宗义的影响和带动下，扶贫济困、热心慈善捐赠，在福中集团已经成为一种传统、一种文化和一种时尚。十多年来，福中集团共赞助各类公益活动100多项，累计捐款捐物超过2亿元人民币。

（二）多方合作寻求共赢

2009年5月22日，一年一届的南京重大项目洽谈会如期举行。在8个重大项目中，福中集团就占了2个。一个是福中与北大微处理研发中心合作，在南京设立"中国芯"及其产品的研发生产基地，另一个是福中与戴尔电脑合作建立福中—戴尔呼叫中心。

"中国芯"即由北京大学微处理器研发中心多年来研发的具有自主知识产权的电脑处理器，它的诞生标志着由美国技术寡头掌握的处理器生产技术垄断局面被彻底打破，这是中国IT产业发展的重大突破。基于"中国芯"的电脑产品的开发和应用，将大大提升中国信息产业的竞争力，或者说，中国人在电脑硬件技术上也具有了重要的话语权。

福中与北大的这个项目源于2008年5月，福中集团董事长杨宗义随南京市委朱善璐书记前往北京参加魅力南京大型展示会，在朱书记的关心支持下，他找到北京大学微电子处理中心主任程旭教授，双方很快达成合作意向，即福中集团与北大计算机所联合研发"中国芯"——863芯片，并在南京建立基地，加快"中国芯"的产业化推进。同时开发基于"中国芯"的网络电脑（NC）以及新一代超轻超薄的笔记本（E电脑）。2008年底，以该项目为核心的福中IT产业升级研发生产基地迅速落户浦口开发区，10万平方米的一期工程已经于2014年5月15日正式开工。

基于中国芯的NC电脑具有更好的安全性和可靠性，广泛应用于政府、部队、金融、证券等多个领域。目前，南京市科技局在落网工程建设中率先选用了NC电脑；同时，四川绵竹地区在震后重建过程中，也将全部采用NC电脑。与北大的合作，对福中IT产业的升级具有重要的意义，标志着福中在自主知识产权产品的开发上迈上了一个新的台阶。

福中与戴尔的合作也是从2008年开始的。金融危机发生后，福中集团立即制定了IT产业升级计划，其中就包括寻找国际品牌进行全面合作。因此，2008年8月，福中首先与戴尔开始了产品的合作。经过几个月的磨合，双方终于在2008年12月联合召开了2009年战略合作发布会。戴尔大中华区副总裁许肇元、戴尔中国区中小型企业客户总监王一山亲临南京参加发布会。许肇元副总裁在发布会上发表了重要讲话，正式宣布福中、戴尔的合作进入一个全新的时代。双方的合作包括在福中高科技产业园（玄武）建立江苏中小企业发展中心；在福中空港科技园（江宁）建立电脑生产基地；寻找机会，相互为对方进行代工生产（OEM），进入不同市场。南京重洽会签约的福中—戴尔呼叫中心就是中小企业发展中心的一个核心内容。福中—戴尔呼叫中心总规划10000个席位。其中，一期工程就有3000多个席位，年产值超过100亿元。该项目除落户徐庄福中集团的总部外，还将在福中IT产业升级研发生产基地建设呼叫中心南京总部。

福中—戴尔呼叫中心是集咨询服务、电话直销、网络直销等快速服务为一体的现代信息化服务平台，主要为双方客户和江苏乃至江苏周边省份的中小企业提供信息化服务，将致力于为双方客户及中小企业提供戴尔式标准企业运营解决方案，推进江苏以及江苏周边省份的中小企业的信息化进程和管理运营效率。它是华东地区第一个也是唯一一个专门为客户及中小企业提供信息化服务的呼叫中心。两大IT巨头的联姻，将大大提升福中、戴尔双方在华东地区的竞争力，甚至会改变华东地区IT产业竞争格局。福中—戴尔呼叫中心是戴尔首次与中国本土企业共同设立的呼叫中心，这是戴尔进一步拓展中国市场的重要举措。

福中集团坚持走自主品牌道路，加快自主知识产权产品开发，同时与国际巨人携手同行，其 IT 产业的快速升级给江苏信息产业振兴带来了全新的诠释。

（三）以知识产权战略推进技术创新

知识产权是现代社会经济发展的重要战略资源，提高知识产权管理能力是企业自主创新的重要前提和保障。要加强知识产权的保护，必须建立和完善企业高新技术知识产权管理的组织体系，设立专门的管理部门并明确其职能。管理部门的职能包括制定企业规章制度、研究制定高新技术知识产权战略、处理企业内外知识产权业务、知识产权的经营管理、保护和教育培训等方面。福中集团在这方面特意设立了知识产权保护委员会，由企业副总裁挂帅，公司经理、技术人员以及研发的总工程师都要参与；福中知识产权委员会独立于企业中其他职能单位，由董事会直接进行管理。福中通过科学的管理，鼓励和调动企业员工的积极性，促进了企业技术创新，形成了企业自主知识产权，有效利用和保护企业的知识产权，为企业技术、知识创新以及生产、经营全过程服务。

近年来，福中集团根据知识产权的管理现状，制定了以自身为主体、以市场为导向、产学研相结合的技术创新体系，形成自主创新的基本体制架构，成立了专门的管理机构，提高了企业的知识产权管理能力和水平。在产品研发、生产、销售的各个阶段都进行了全面的知识产权检索和检验，以防止盲目开发，避免侵犯他人的知识产权。同时通过政府部门的政策导向和信息服务，推动企业知识产权战略的制定与实施，将知识产权战略与生产经营战略一体化，纳入组织战略的核心部分。

福中集团运用专利制度推进技术创新和企业发展的职能作用，努力营造企业鼓励发明创造，激励科技创新，促进经济发展的良好企业环境，大力开发具有自主知识产权的专利技术和产品。为了加速专利技术商品化、市场化、产业化，提高企业科技和经济的综合竞争力，企业专门制定了关于专利申报的奖励方案。其中包括：①对企业中公司职员的职务发明创造取得专利权的，应对其发明人或设计人进行奖励，发给奖金和报酬。②该项专利及实施效益应计入发明人或设计人的技术档案，作为技术职称评定、职务聘任、晋升和其他奖励的依据。

为了进一步促进企业员工的创造积极性、促进企业知识产权管理能力提升、推进知识产权预警援助、加强知识产权人才培养和行政等重点工作，福中集团建立了知识产权预算机制。每年公司拿出约 50 万元的经费进行知识产权的研发和申报，独立于其他部门的预算。

五、启　示

（一）以创新作为企业文化的灵魂

在世界民族之林贡献突出的国家，必定是一个不断创新的国家。同样，能够始终处于行业领先地位、立于不败之地、永葆青春的企业，必定是创新企业。福中集团成长发展的历史，就是一部不断创新的历史。1996 年 3 月 1 日，福中推出福中电脑"3+3"服务（前三年包换，后三年保修），改写了全球电脑行业三年质保（一年包换，两年保修）的服务规则。2003 年初，福中集团购买原金都大酒店，进入商业地产。2004 年，福中集团收购南京新技术应用研究所，进入医疗器械领域。2005 年福中"3+3"全国连锁卖场所有产品实行"3+3"服务，再次改写 IT 行业服务规则。2005 年 7 月，福中集团联合新加坡国浩房地产公司以 6.5 亿元人民币拿下南京玄武区顾家营标王地块，强势进入房地产市场。福中集团通过理念创新和经营模式创新，实现了产业多元化。杨宗义说："过去我们经常会做一些别人认为是不可能的事，但福中最后总是做到了，而且做得很出色。你问我为什么福中会成功？做别人不敢做的事，这就是成功的原因。"

福中集团把企业文化建设看作企业跨越式发展的基石。福中集团在14年的发展中积淀了许多优秀的文化，形成了从宗旨、使命、愿景、核心价值观到质量观、服务观、人才观、发展观、精神格言、行为准则的福中企业文化体系。走进福中集团，来来往往的员工都穿着整齐，举止得体，洋溢着微笑，散发着活力，他们对企业发展备感自豪，对企业未来充满信心。福中文化滋养了员工，福中人的精神面貌也成为福中集团的最好代言。

福中企业文化被称为狼文化。狼在许多方面表现出了它的优秀个性，主要有以下几点：

第一，狼具有敏锐的嗅觉。在纷繁复杂的市场竞争环境里，我们常常找不到目标，迷失方向。目标市场、目标客户在哪里？难道不需要狼一样的敏锐嗅觉吗？

第二，狼具有强烈的攻击性。市场机会本来就少，机会一旦出现在面前，如果我们还犹豫不决，磨磨蹭蹭，左考虑，右思量，机会早就让别人抓住了。因此，我们必须像狼一样去面对市场，勇敢一点，快速一点，这样才能抓住机会。

第三，狼具有很好的团队精神。狼在作战时都是以团队为单位的，很少见一只狼单枪匹马面对敌人。

第四，狼具有前仆后继，永不言败的精神。不论我们做什么工作，挫折总是客观存在的。特别是那些刚刚踏入社会的年轻人，这种挫折感恐怕更深。如何学会忘记挫折，跌倒了立即爬起来，甚至来不及反应怎么回事就继续前进呢？学一学狼的表现吧，前仆后继，永不言败。

狼文化团队的打造，永不言弃的执着追求，是福中企业文化创新的基石。福中不仅在IT领域具有多项自主创新技术，在医疗器械领域也有多项专利产品。创新，确立了福中集团在IT领域和相关领域的领导者地位。

创新不是一座静止的山，而是一条流动的河，需要发展，需要交融，需要赋予新的时代内涵。一个要实现百年常青的企业，一定是一个勇于创新，善于学习的组织。

（二）企业家精神是企业创新的不竭动力

珠江路的闯荡生涯不仅给了杨宗义一个成功的福中，也让他在无数次探索中悟出了人生的真谛和创业的心得。杨宗义认为，作为一个成功的企业家必须具备三个条件：

一是要有标新立异的意识和能力，做生意同样要靠出奇制胜。"3+3"旗帜的树立可算是这方面的典型。如果当初没有创立"3+3"的品牌，福中现在很可能湮没无闻。当然标新立异并不是刻意求新，再新也必须适应市场，符合规律。福中为什么只提"3+3"，而不是"4+4"、"5+5"呢？在保修年限的确定上，杨宗义整整花了一个月的时间调研。在这期间，他查阅了许多电脑资料和相关统计数据，作过上门调查，拜访过IT技术专家，最终才得出了电脑正常寿命在7~8年的科学结论，"3+3=6"自然是再合适不过的。另外，他还在盘算，"一方面电脑的价格在不断下跌，另一方面，你买了我100台电脑，就算坏也得有个比例和时间段，我有了这个时间差，就能够用你买电脑的钱滚好几个转，会赚到很多钱，到时就算我送你一台又算什么？再深一层，一旦赢得了消费者，有了市场后，我会店大欺主，会要求供销商也做'3+3'，这样就可以把经营风险部分转嫁到了供货商身上"。

二是要有敏锐地把握市场、感受市场的意识和能力。如果说"3+3"的成功更多的是源于创新的话，那么福中连锁经营战略的提出完全是杨宗义感受市场、分析市场的结果。从公司成立时起，每天晚上，福中所有的中层干部都要集中在一起开会，分析当天的得失和市场变化，这个规矩雷打不动，杨宗义也从不擅自缺席。"一个企业不看重市场，它只会是一个曲高和寡、务虚的企业，福中不允许这样。"杨宗义说，"我们福中以前竞标也好、做工程也好，都有公司和我们竞争，每一次都输给我们。但是屡败屡战，屡战屡败，他们不知道为什么，我是知道的。他们不懂得报价，像一台机器，他就心里一个准星，要赚50元钱、100元钱，而我们却是平着去投，电脑市场价格总是处于一个不断下降的过程中，等到交货的时候，这个价格就已经降下来了，利润自然也出来了"。

三是要有不满足于现状、勇于超越自我的意识和能力。成了珠江路上的电脑销售"龙头"企业后，杨宗义又在马不停蹄地筹划着公司的第二次创业，他深谙"逆水行舟，不进则退"的道理。经过大刀阔斧的改革和成功的企业转型后，如今的福中已不再是一家以贸易为主，以服务著称的单纯的电脑公司，而是一家同时横跨IT、医疗器械、房地产、金融投资四大板块，集科工贸于一体的多元化、大型民营企业集团。集团旗下拥有30余家全资子公司，3800名具有创新精神和专业技能的员工，业务范围覆盖全国30多个省、市、自治区以及美国、加拿大等北美地区。杨宗义正在一次次地挑战着自我，又超越着自我，而福中也在一次次的自我超越中越走越远，成了珠江路上毫无争议的领军企业。

（三）品牌是企业的立身之本

珠江路曾与中关村齐名，而如今中关村出现了多个大品牌，珠江路叫得上来的品牌却屈指可数，杨宗义认为这是因为珠江路的厂商缺少建立差异化品牌的意识。1996年3月，福中一鸣惊人地推出了"3+3"服务牌，即零部件3年包换3年保修，而同行实行最多一年包换两年保修的服务。"3+3"不是杨宗义闭门造车弄出来的，而是他花了整整一个月时间调查研究，得出风险最小的年限。不少同行跑来打探敌情，发现提出"3+3"的福中竟是一个只有3名员工的公司时，他们就笑了，心想这怎么可能做到呢？要不了一个月，福中就会从珠江路消失。不过笑到最后的却是杨宗义。推出"3+3"后没两个月，福中已经成为珠江路主要的电脑供应商。到1998年底，福中电脑已经在苏、皖两省建立了近100个销售平台。服务的差异化让杨宗义打响了第一炮。而更多当时出现的品牌，因为同质化严重，逐渐湮没在珠江路的尘土中。英特尔前总裁安德鲁充分肯定了杨宗义的差异化品牌策略，说"3+3可以让福中吃一辈子"。

福中电脑诞生于1995年底，起步并不算太早，那时市场竞争已经然很激烈。但在创业之初，福中就开始了品牌创新之路。1996年3月1日，福中电脑创始人杨宗义先生在研究了电脑产品的特性以及国内外电脑品牌的个性特征之后，给福中电脑设定了"打造中国最好的服务"的品牌目标，提出了"前3年包换，后3年保修"的"3+3"服务。这一具有独特个性，且符合市场发展需要的品牌策略很快赢得了广大消费者的青睐，"3+3"成了福中电脑的代名词。经过全国各大媒体的报道，福中"3+3"很快响彻大江南北。

1998年，福中获得江苏省首批计算机生产许可证，宣告福中从兼容机时代迈入品牌商时代，福中"3+3"品牌发展也进入了一个全新的时期。2000年，福中电脑成为南京市名牌产品，南京市著名商标；2002年，又成为江苏省名牌产品和著名商标。2003年，福中电脑开始了向全国市场拓展的发展之路，很快在全国20多个省市建立了300多家特许经营加盟连锁店以及10多家电脑卖场，同时进入苏宁、国美等家电商场，进一步巩固了福中"3+3"的品牌地位。2005年，在北京人民大会堂，福中"3+3"荣获中国电脑行业最佳服务品牌，同时跻身中国十大影响力电脑品牌。2008年，福中"3+3"又获得江苏省服务名牌并一举问鼎中国驰名商标。2008年，福中"3+3"品牌荣获中国驰名商标，品牌无形资产价值超过56亿元。2013年1月，福中集团因其在本年度的销售额增长率、发展潜力、行业成长速度及企业效益水平等方面的显著成就和品牌影响力，入围经ABAS专家系统委员会评议的2012年"中国品牌100强"榜单，总裁杨宗义入围"中国（行业）品牌十大创新人物"。

品牌运作并不简单等同于广告宣传，重要的是要赋予品牌独特的个性，福中"3+3"就是一个典型的案例。其创立无疑使消费者眼前一亮,所以才能抓住消费者的眼球,并进而到达他们的内心。时至今日,服务依然是竞争的焦点,福中由此获得了长期的生命力。

〔参考文献〕

［1］翁靖琳.福中集团:"田忌赛马"式成长［EB/OL］.中国江苏网,http://economy.jschina.com.cn/,2009-09-27.

［2］福中集团:鲲鹏展翅,搏击长空［EB/OL］.中国网,http://www.china.com.cn/,2013-02-01.

［3］福中集团发展历程［EB/OL］.福中集团网,http://www.fuzhong.cn,2014-03-01.

［4］福中集团在医疗器械领域取得重大突破［N］.现代快报,2009-3-12.

［5］杨宗义:创新勇士慈善先锋［EB/OL］.南京大学110周年校庆官网,http://news.nju.edu.cn,2014-02-17.

FuZhong Group Expanding Innovative Wings

Qin Zhengqiang　Zhang Yichi

(Nanjing Tech University College of Economics and Management, Nanjing 210009)

Abstract: As the Nanjing University's top student, Yang Zongyi gave up living within the system. He founded Fuzhong. He got a pot of gold by selling computers In Zhujiang Road. In the second year of the establishment of FuZhong, "3 + 3" brand was founded and became the foundation of the company, which quickly opened markets. Then, the company continued to promote the group's IT industry to upgrade by the franchise stores and moved away from Zhujiang Road. FuZhong Group became the industry's leading technology leader by acquiring Nanjing Institute of New Technology Application of new technology in microwave apparatus. FuZhong Group developed new business models to real estate, areas of finance and investment. Innovation is the soul of FuZhong Group. Along the way, its success closely related to innovative ideas of Yang Zongyi and FuZhong Group.

Key Words: FuZhong Group; Yang Zongyi; Innovation

深科博业：阳光总在风雨后

刘新艳　沈忠芹

(南京工业大学经济与管理学院，南京 210009)

摘　要：南京深科博业电气股份有限公司是一家专业从事电力系统保护和控制领域的技术研究、产品开发、生产销售和工程服务的公司。本案例详细描述了深科博业在自主创新及产学研合作过程中遭遇的一系列知识产权纠纷事件，从而强调了知识产权管理对一家科技型公司的重要性。案例还结合深科博业公司在知识产权管理方面的相关实践，指出科技型公司进行知识产权管理有三大法宝：一是有效的知识产权奖励制度；二是规范化的知识产权管理体系；三是创新性的文化保障。

关键词：深科博业；自主创新；知识产权；创新文化

在南京经济技术开发区，有一栋现代化的办公楼矗立在绿树之间，南京深科博业电气股份有限公司（以下简称"深科博业"）就坐落于此。公司创立于 2000 年，现拥有厂房面积 15000 平方米，属国家级高新技术企业和省级软件企业。

该公司专业从事电力自动化、电力环保设备的研发、制造、销售和服务，主要产品包括 DMR 系列数字式多功能继电器、DMC 系列数字式电力测控装置、DPM 系列数字式电力仪表、DRFU 系列数字式环网柜综合保护单元、EDP 系列微机型高频开关直流电源、SCADA-N 集成化保护监控系统软件、DPSC 系列智能电力电容器等，全线产品可满足从发电、输配电到用电的系列应用需求，而且在电能安全保护、电能质量控制、节能降耗等方面为客户提供解决方案。作为中国领先的电力设备供应商，深科博业的系列产品广泛服务于电力、钢铁、冶金、煤炭、铁路、风力发电、船舶等领域，用户遍布全国，产品远销欧洲、亚洲、非洲、南美洲等国际市场。

快速发展中的深科博业并非一帆风顺。由于成立早期，公司将所有的重心投入到新产品研发和生产中，而未能对知识产权保护给予同等的重视，导致被侵权的事情屡有发生，公司利益也受到了一定程度的影响。面临这种情况，公司采取了何种行动，又取得了何种成效？现在就请一起走进深科博业公司，让我们一起了解科技型企业的发展之路。

一、创新引领发展

（一）坚持在创新第一线

2000 年 7 月 28 日，一群怀揣着梦想与激情的年轻人，在公司创办人沈波的带领下，秉承不惧艰险、勇攀高峰的奋斗精神，创立了南京深科博业电力自动化有限公司。经历十多年的风雨洗礼，他们用辛勤的汗水和不懈的努力，将深科博业这棵年轻的幼苗，浇灌成了今天的参天大树。它从一个名不见经传的技术型民营企业走到今天，其艰难可想而知。企业创立初期，没有强劲的后台支撑，资金非常缺乏，市场推广方向不明确，只是凭借着对行业的了解、技术上的优势以及整个团队的拼搏精神，深科博业一步步成长起来。

自主创新是一个企业核心竞争力的灵魂。一直以来，深科博业倡导"科技开启动力"，始终围绕客户需求进行创新，寻求产品"科技化"。公司于2003年通过上海质量体系审核中心的ISO9001认证，并陆续通过TS16949、ISO14001、OHSAS18001等国际认证，公司以"精细化实现产品，全过程控制质量，标准化管理企业，全方位服务用户"为质量方针，严格按照符合国际标准的技术规范对产品进行全面、系统的检验和测试，确保所有产品的功能完整且品质优良。同时，公司全面推行目标管理和项目管理制度，运用高效的信息化管理平台，贯彻"以大服务提升竞争力"的服务理念，在全国设有32个销售及服务机构，竭诚为每一位客户提供从项目咨询、设计、实施到售后的全方位服务。在规模和效益日益增长的同时，公司陆续配备了先进的电子加工生产线、电子三防漆喷涂线、高低温试验箱、高温老化室等生产设施，建立了电力专用电磁兼容（EMC）试验中心。

在坚持自主创新的同时，公司还始终坚持产学研相结合，与国内多所著名院校（浙江大学、西安交通大学、河海大学等）和研究所（十四所等）建立了密切的联系，加快了科技成果到工业应用的转化进程，保证了企业持续发展所需的技术储备。

（二）产品创新拓市场

深科博业根据市场需求情况，经过充分的营销调研，再加上研发和生产等相关模块的辛勤努力，目前公司整合了继电保护、电力仪表、电力电容器三大主流产品线，明确了产品结构及定型，2014年公司现阶段将重点推出以下三类产品：

1. 继电保护类新产品

结合在微机保护领域十余年的研究和创新，并在总结大量工程运行经验的基础上，根据不同电压等级和变电站规模，推出全新一代DMR系列微机保护测控装置，包括DMR100、DMR200、DMR300、DMR450和DMR480。

2. 电力仪表类新产品

借鉴继电保护类产品的成功经验，结合前几代仪表类产品情况，充分考虑各类用户的需求变化，专门针对低压配用电系统，推出新一代DPM系列电力仪表，包括DPM10、DPM20、DPM30和DPM40。

3. 电力电容器类新产品

结合市场行情的变化和公司战略规划的调整，公司逐步涉足电力一次设备。在总结老系列智能电力电容器的研发、生产及营销经验的基础上，根据本行业的发展情况，针对0.4kV低压配电系统，推出了新一代DFSC系列智能电力电容器，包括DPSC520、DPSC620。

上述这些新产品，均在原来老产品基础上，采用了一些新技术原理和新设计构思。在结构、工艺等方面比原产品有明显改进，显著提高了产品性能，扩大了功能集，部分产品已申请发明实用新型专利。从市场营销的角度看，新产品更加迎合市场、贴近市场，将给客户带来新的价值，同时，也给公司带来更大的产出。

但产品的真正成功应是市场指标和财务指标的双重成功。企业的目标不仅仅是将产品开发出来，更重要的是将产品卖出去，在实现客户价值的同时，为公司创造利润。要确保产品投放的成功应关注如下要素：关注竞争对手的情况、关注内部流程运作的情况、关注研发产品的进度、关注成本；不仅要考虑如何销售产品，而且要收集市场需求并进行分析，完善产品功能并进行市场细化，将产品包意识细化成市场意识、成本意识、质量意识、服务意识、机会意识、时间意识和客户意识，使之深入人心并贯穿到产品包的每一个群体中，通过流程的改进和建立进行固化。以上这些工作由谁来做？谁对产品的成功负责？一般公司内部会设立产品管理部，由产品经理全面负责产品线的管理。产品经理的职责分为三部分：产品规划、产品管理、销售管理，如图1所示：

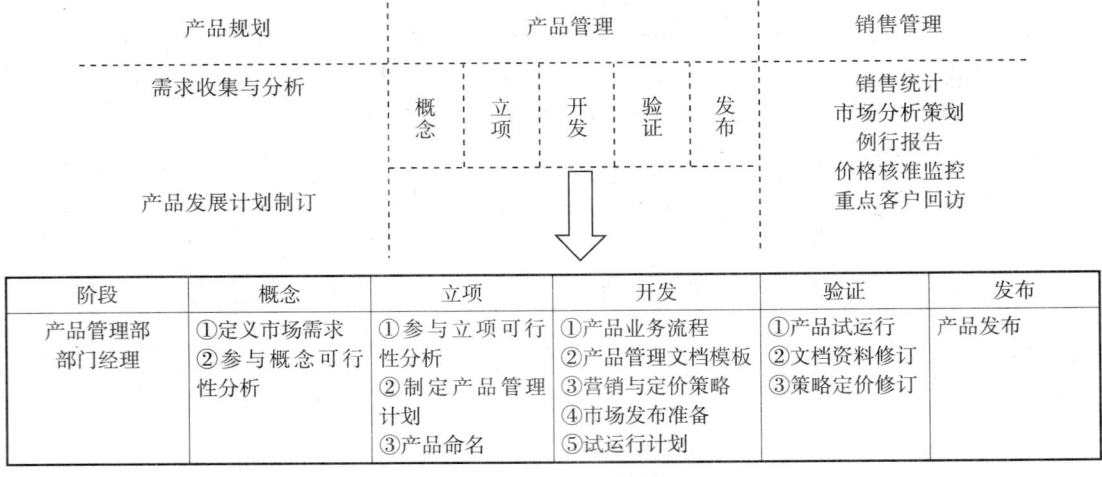

图1 产品包管理流程图

产品经理管理项目如此之多，在具备相应能力的同时，应有更高的素质要求。业界公司总结出的一个优秀产品经理的素质模型，如图2所示：

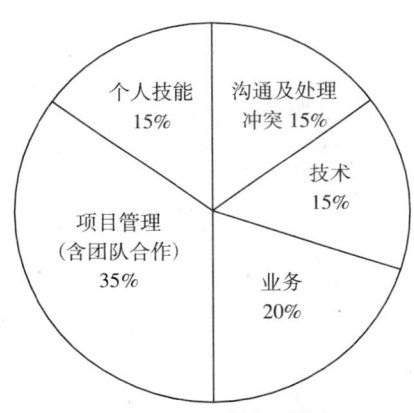

图2 产品经理素质模型

目前深科博业尚未成立产品管理部，未设置产品经理岗位，但公司已经组织相关人员深入学习产品经理相关知识，准备将产品经理的职能分解到相关岗位和人员，由公司统一协调各流程接口间关系。

（三）精益管理创佳绩

精益生产（Lean Prodution，LP）是美国麻省理工学院数位国际汽车计划组织（IMVP）的专家对日本丰田准时化生产JIT（Just In Time）方式的赞誉称呼。精，即少而优良，不投入多余的生产要素，只是在适当的时间生产必要数量的市场急需产品（下道工序急需的产品）；益，即所有经营活动都要有益有效，具有经济效益。

精益生产方式既是一种以最大限度地减少企业生产所占用的资源和降低企业管理及运营成本为主要目标的生产方式，又是一种理念、一种文化。实施精益生产方式就是决心追求完美、追求卓越，就是精益求精、尽善尽美，为实现7个零的终极目标而不断努力。图3为精益思想的五大原则：

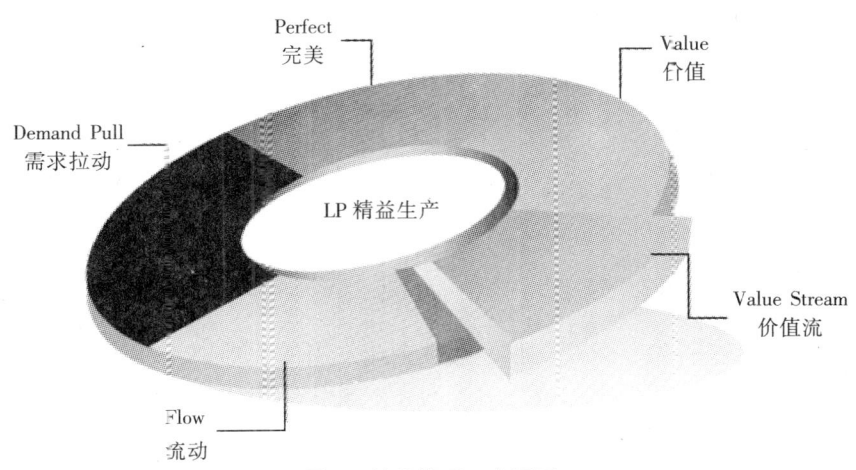

图3　精益管理五大原则

价值：精益思想认为产品的价值需由最终的用户来确定，价值只有满足用户需求才有存在的意义。

价值流：价值流是指从原材料到成品赋予价值的全部活动。识别价值流是精益生产的起点，价值流引导生产商按照最终用户立场寻求全过程的整体最佳状态。

流动：精益生产强调各个创造价值的活动需要流动起来，强调的是动。

拉动：拉动生产即按用户需求拉动生产，而不是把产品强行推给用户。

完美：用完美的价值创造过程为用户提供尽善尽美的价值。

精益生产主要研究时间和效率，注重提升系统的稳定性，多年来精益生产的成功案例已证实：精益生产让生产时间减少90%；精益生产让库存减少90%；精益生产使生产效率提高60%；精益生产使市场缺陷减少50%；精益生产让废品率降低50%；精益生产让安全指数提升50%。

2014年1月，深科博业在管理评审会议上对公司的运作效率、成本、质量、交期及安全等方面提出了新的改进要求，为此，决定在公司内部推行精益生产管理模式；2014年2月13日至17日公司组织了以"人人讲精益，企业出效益"为主题的培训。公司员工详细学习了精益生产的概念、发展历程和应用方法等。培训首先从形象生动的丰田汽车生产现场视频开始，再现了500强企业应用精益生产的情况。流水化无停滞的作业，机械化的生产方式和整洁干净的车间环境，令所有学员耳目一新。接着，理论结合实际，从不同的角度讲解了精益思想对企业管理的重要性和必要性，阐述了精益生产的五大原则（价值、价值流、流动、需求拉动、完美）、两个基础（彻底的7S、全员参与的ESS）、两大支柱（自动化、准时化）、三方满意（客户满意、员工满意、社会满意）和六大改进（品种、质量、成本、交期、库存、意识）。

在学习的基础上，深科博业提出了推行精益生产追求的目标——实现7个零：零浪费、零库存、零不良、零切换、零停滞、零故障、零事故。此外结合目前公司实际情况，介绍了推行精益生产的八大管理工具：彻底的7S（整理、整顿、清洁、清扫、素养、安全、节约）、全员参与的ESS（全员参与的合理化建议制度）、目视管理、看板管理、QCC（质量圈）、标准作业、少人化、TPM（全员生产保全）。这些工作加深了大家对精益生产系统的认知和理解，为公司后续推行精益生产打下了坚实的基础。

凭借科学现代的管理模式、稳定可靠的产品质量、开拓创新的营销思路和及时完善的售前售后服务，深科博业历经十余年的快速发展，积累了大量的工程运行经验和工程业绩，赢得了越来越多用户的信赖和赞誉。目前，公司积聚了一大批长期致力于继电保护、自动化控制、电力电子、计算机通信等专业的高级研发技术人才，拥有各类专利技术、软件著作权120余项，多次荣获国家、省、市级科学技术进步奖项。公司现有员工200余人，本科以上学历员工占80%以上，形成了研发、设计、管理、销售等重要岗位的中坚力量，为公司可持续发展奠定了坚实基础。

二、市场遭遇"李鬼"

（一）来自浙江市场的"李鬼"

电力企业蕴含着丰富的知识产权资源，它是企业发展的无形财产权，其取得多数需要通过向有关主管部门提出申请并获得登记或许可。对于一些中小电力企业来说，由于企业的知识产权管理分散，未能建构起知识产权管理专门机构，对知识产权管理的制度设计及其战略管理和商务管理理念形成时滞，难以有效设计出普遍适用的管理制度，难以有效实施和推进知识产权的战略管理和商务管理，这便让"李鬼"们乘虚而入，侵权现象屡见不鲜。同样，深科博业也有类似遭遇。2007年前后，浙江温州一带做电力设备的企业有很多，但它们本身的技术水平跟不上要求，因而通过各种渠道窃取同行的商业秘密。在一次产品展销会上，深科博业公司发现有公司模仿自己的技术以及外观，而且更为过分的是，这些"李鬼"竟然公开在网上发布和深科博业具有相同外观的产品图片，甚至产品说明书也几乎是照抄全搬。可是，当时的深科博业还比较年轻，公司从上到下一直致力于产品的研发，忽视了对公司技术的管理和保护，公司的一些新产品还没有申请专利。对知识产权的忽视导致公司不得不吃下哑巴亏，承受因被侵权带来的损失。这个事件之后，公司吃一堑长一智，开始注重知识产权的申报和管理工作，对公司的一些核心技术和产品委托相关机构积极进行了专利申报。

（二）"李鬼"的正面来袭

上一次"李鬼"照抄的仅是深科博业的外观和影响较小的技术秘密，其影响尚在可控制的范围之内，如果说这对于成长的公司而言是一个小挫折的话，那么后来公司遭遇的内部"李鬼"的正面袭击可以说是十分严重的打击。深科博业作为一家高技术企业，公司负责人长期奋斗在创新的第一线，其对研发人员一直十分重视和信任。也正因为如此，个别有着不良动机的员工利用公司领导者的信任，不仅掌握了公司大量技术的核心秘密，而且掌握了许多重要客户的信息。时机成熟之后，该员工选择了带着技术和客户信息另谋高就。市场上很快就出现"李鬼"的正面来袭，不仅产品外观相似，而且技术参数也几乎没有任何改变，一些差不多板上钉钉的项目也接二连三地被"李鬼"成功拦截。这对于发展中的深科博业来说如同晴天霹雳。不过好在公司在上次"李鬼"事件之后，对公司的相关产品技术、外观以及软件等都相应地申请了知识产权保护，公司有充分理由举起法律的旗帜，对自己被侵权的事实予以反击。

在遭遇了一系列的侵权事件之后，企业内部高管们也在深刻反思，开始把知识产权战略和知识产权管理提上了公司发展的重要日程中，也将进一步采取有效措施来保护自身的合法权益。

三、知识产权战略护航

知识产权是指公民或法人等民事主体根据法律的规定，对其创造性的智力劳动成果依法享有的专有权利，又称为"智力成果权"、"精神产权"、"无形财产权"，主要包括版权、专利、商标、著作、工业品外观设计、集成电路布图设计、植物新品种、地理标志等。

21世纪是知识经济的时代，知识经济是以知识作为第一生产要素的经济增长形式。知识经济的前提就是必须承认知识的价值，并从法律上予以保护。如果知识的价值得不到尊重和保护，知识经济就无从谈起，知识也不可能成为第一生产要素。知识产权制度保护的是知识成果的价值。相反，如果知识资产得不到有效的保护，可以随便被仿制，则企业就不会主动地、积极地谋求创新。相应地，如果企业拥有较多的知识产权成果，那它就会有更多经营与发展的主动权。

企业知识产权战略就是企业作为技术创新的主体，在进行技术创新时，运用专利及其他知识产权制度的功能，从企业经营与发展的角度，对有关知识产权的获得、保护使用和管理等所作的总体安排和部署。

（一）知识产权奖励制度

深科博业在经历一次次的知识产权侵权事件后，不断反思自身的不足，同时也加强对知识产权的保护，制定了一系列知识产权制度。其中包括将公司知识产权直接交由研发部门管理，而研发部门由总经理直接管辖，这在一定程度上有效保护了本公司的知识产权。此外，公司还制定了一系列知识产权奖励制度，针对员工的职务发明创造的发明人或设计人进行奖励、报酬，并由公司依法代扣代缴个人所得税，并且对该项发明创造及实施效益计入发明人或设计人的技术档案，作为技术职称评定、职务聘任、晋升和其他奖励的依据。这些奖励制度具体包括专利申请奖励、专利授权奖励、专利实施后报酬以及专利侵权赔偿后的报酬等。

深科博业公司负责人沈波虽然是技术出身，但是对管理理念的运用也是相当熟稔。他在平衡计分卡的思想上进一步提出了"平衡计金卡"的概念。沈董指出：平衡计分卡一般以标准月薪或年薪对应目标值，只有超出目标值以后才能取得更高的绩效奖金，其激励力度十分有限；为了避免绩效指标设计特别是目标值设定得不合理导致员工绩效过高，在实际操作过程中甚至会限定最高绩效；如果绩效得分普遍过高，则可以重新调整绩效指标，按平衡计分卡的设计原理来看，总能想出很多办法来提高难度从而降低薪酬。这是一种典型的把员工定位于"打工者"的心态，既要打工者付出努力，又不想让他们得到更多的利益，只要合适就行。这在国外那种成熟企业或许可行，毕竟很多知名国际型企业都在使用平衡计分卡，但针对中国目前的经济环境和中国式员工的特点，特别是对中小型民营企业而言，平衡计分卡的绩效激励机制确实存在一些问题。

中国目前的经济环境特别适合于创业，政府也十分重视和鼓励中小企业发展；而中国式员工的特点就是很聪明，甚至会打小算盘，但又不服管，不安于现状。因此，经常出现这种情况：一家企业创业成功了，赚钱了，里面的优秀员工，或搞技术的，或搞销售的，动不动就离职自己创业，不跑远，就在原企业边上，三家、五家逐渐更多，一样的技术和产品，竞争着有限的市场和客户，你死我活，恶性竞争……结果就是大家都做不大，都赚不到钱。这样的案例不胜枚举，每天都在上演，深科博业也是深受其害。沈波董事长曾说，"我们不排斥竞争，没有竞争也是不现实的，但是这种竞争来自企业内部，来自自己原来的员工，技术带走了，客户带走了，回过头来再与你竞争，这种结局不得不让人反省和沉思"。究其原因，最终还是利益分配问题，员工对企业的贡献度在提高，其对利益回报的期望值也在提高，一旦两者之间失衡，就会出现前面所述的结果。为什么对员工的利益回报不能及时跟进呢？一方面取决于老板的心态，如果老板没有与员工共享利益的心态，他迟早得趴下，但这种情况现在应该很少了，员工聪明，老板也不傻。另一方面是缺乏有效的激励机制，企业想与员工共享利益，但是没有有效的激励机制，同样无法让员工满意。股权激励是一个方面，但实施起来风险很大，如果企业弱小、发展缓慢，股权激励的力度就显得十分有限；绩效管理是企业最基本的激励机制，但是必须把握好企业承受能力与员工期望值之间的平衡。中小企业的平台相对弱小，若过高评估员工的贡献度，则会激励过度，让企业不能积累足够资金实现发展再投入；若过低评估员工的贡献度，则又不能满足员工期望而出现离职，甚至演变成企业的竞争对手。平衡计分卡过于复杂，实施难度大，而且并没有真正解决准确评估员工贡献度的问题，因此沈波董事长进一步指出，对中小企业而言，平衡计分卡并不实用也不适用，中小企业亟须一套简单有效的绩效管理工具。

平衡计金卡就是在这样的环境下应运而生的，以准确评估员工贡献度并按一定比例实现企业与员工的利益共享为核心设计思想，只有这样，才能在不增加企业负担的前提下最大限度地满足员工期望，同时企业平台也能得以快速壮大，提升股权激励力度。因此，平衡计金卡已经超越了绩效管理工具的概念，触及了企业和员工之间最核心的利益分配问题，企业平台的理念得以彰显：企业打造平台，员工在企业平台上实现自我价值，这就是"打造企业平台，承载员工生命"的股东价值理念。深科博业的董事长沈波认为，只要公司秉承这种价值理念，哪怕在平衡计金卡的具体实施过程中有些问题和挫折，中国式员工也是宽容的；公司一定要打破常规思维的束缚，让中国式员工的聪明才智爆发出来，只有让他们不安于现状的愿望融入到改变企业命运的轨道上来，才能实现企业的爆发式发展，才能实现公司的中国梦！

正是在平衡计金卡等思想的指导下，公司针对知识产权申请、授权以及实施成果等的相关奖励细则十分具体且详细。比如公司针对专利申请受理和授权方面的奖励如表1、表2所示：

表1　专利申请受理奖励

专利类别	发明专利	实用新型专利	外观设计专利
奖励（元/项）	400	200	100

表2　专利申请授权奖励

专利类别	发明专利	实用新型专利	外观设计专利
奖励（元/项）	1600	800	400

这些奖金看似数额不大，但是公司的奖励导向是知识产权的实用性。一旦员工申请的专利成功实施，公司的奖励将十分可观。比如公司对形成独立产品的发明创造并在公司内实施取得效益的，发明人或设计人除获得相应现金奖励外，每年从实施专利的税后收益中提取一定比例作为发明人或设计人的报酬，其中实施发明专利、实用新型专利以及外观设计专利的分别按5%、3%、1%提取；如果一项发明创造形成多种独立产品的，按照多种产品的税后收益总额按照5%、3%和1%的比例提取报酬；多项专利形成一种独立产品的，基本专利的发明人或设计人以税后收益的70%，依存专利的发明人或设计人以税后收益的30%作为基数，再根据实施专利的类别分别按照5%、3%、1%提取。

如果公司转让或许可他人实施发明创造专利的，从收取的转让费或使用费的税后收益中提取30%，作为报酬给予发明人或设计人；如果出于合作等特殊原因，公司无偿或低价转让、许可他人实施发明创造的，参照其转让或许可使用的市场价格的税后收益，同样提取30%对发明人或设计人支付报酬。

深科博业公司因为深受知识产权侵权的困扰，还专门针对知识产权侵权赔偿制定了相应的措施，鼓励相关专利发明人和设计人拿起法律武器积极维权。比如深科博业公司对于从侵权专利纠纷的调解、诉讼、仲裁中获得的侵权赔偿或补偿费，扣除调解、诉讼、仲裁等相应成本后的部分，其余的视为许可他人实施其职务发明创造的收益，并按照一定的比例向发明人或设计人支付报酬。

（二）知识产权规范管理

为了加强对公司知识产权的保护，规范知识产权管理工作，鼓励员工发明创造的积极性，促进科技成果的推广应用，深科博业也通过一系列的途径建立公司知识产权规范管理制度。比如知识产权相关事宜归口到技术中心进行管理，公司董事长沈波直接管理技术中心，此外公司也正在积极开展知识产权的贯标工作。

1. 提高知识产权意识

深科博业依据自身发展的总体战略目标，认真开展知识产权管理方面的研究，从而形成核心技术或产品知识产权保护体制，并对研究、创新、生产、销售等全过程的知识产权实施保护，而且在管理的各个环节之中，积极发挥知识产权所具有的导向性作用。公司从高层到基层始终贯彻如下重要思想：一是要提高企业自身对知识产权重要性的准确认识，将知识产权的保护提升到战略新高度，并与生产经营战略紧密联系起来，切切实实地将专利运用到生产实践之中，踏踏实实地促成成果的转化，从而产生实实在在的经济效益与社会效益，真正让现实说话。二是要将知识产权管理贯穿在企业技术创新的全过程之中，不断提高企业技术创新的软件和硬件水平，全面致力于自主研发与技术创新，并全力加大企业知识产权库的建设力度，从而形成自有的智力支持系统。三是要将专利制度作为企业制度的一个重要组成部分来抓。通过有计划、有步骤地实施培训学习，使企业相关人员树立起知识产权意识，并很好地掌握专利保护知识。通过健全完善齐全的规章制度，不断提高企业利用专利制度的水平及专利保护的能力。

2. 建立知识产权管理专门部门

深科博业公司目前是将知识产权管理归口到技术中心进行管理的，随着公司的发展，知识产权工作越来越重要而且烦琐，公司也在考虑设立负责知识产权管理事务的专门部门，或者设置法务部门，并明确由专门人员来管理知识产权事务。由于知识产权管理是一项专业性十分强的业务，只有具有相应专业素质的人员才能胜任。知识产权专门部门的事务主要包括申请、登记、缴费、专利检索、知识产权许可、转让、处理纠纷、实施教育培训、确定规章制度等。对于公司知识产权的管理，不能简单地大一统，而是要在详尽了解各类知识产权制度利弊的基础上，有针对性地选择对企业最有利的形式，从而确立起多角度管理机制。比如，专利保护的力度比较强，但是保护的期限却很有限；而商业秘密在期限上没有什么限制，但其保护力度较弱。鉴于这种情况，公司完全可以根据实际情况，将一部分技术作为商业秘密进行管理。与此同时，还应配合公开的专利管理，从而实现技术垄断及市场独占。

3. 健全知识产权工作机制

一是要形成健全的知识产权工作机制。深科博业通过建立一整套与此相关的工作制度，不断强化知识产权的基础建设，从而把知识产权工作纳入统一的考核制度之中，建立起工作激励制度、科技创新制度等一系列管理制度。二是要切实增强企业的技术创新能力。企业通过不断完善技术创新机制，继续坚持将企业技术中心作为企业技术创新体系的核心，紧紧围绕产业技术升级与产业结构调整，不断开发可持续发展的关键性与前瞻性技术，从而切实形成一批具有自主知识产权的重要技术，提高企业的核心竞争力。三是积极推进专利技术的产业化。四是在自主知识产权相关权益受到侵害时，要善于运用法律武器，积极应对跨境知识产权纠纷。

4. 完善企业知识产权评估制度

知识产权资产评估是促进知识产权成果产业化的关键一环。如果不能确定知识产权的合理价值，就难以在知识产权买卖双方之间形成合理预期，知识产权交易就难以达成，知识产权成果产业化也就无法顺利实现。

深科博业应当对其所拥有的无形资产定期开展评估,这是由于无形资产是企业总资产中的一个相当重要的组成部分。对无形资产作出合理的评估,不仅有利于及时了解企业资产情况的变化,及时调整企业的发展战略,而且根据我国《担保法》和其他一些法律法规的相关规定,专利权、商标权与著作权等知识产权是能够进行权利质押的,可以在其上面设定权利质权,从而对企业所拥有的知识产权作出评估有利于企业进行融资等商业活动。此外,准确而及时地进行知识产权评估,对于知识产权的转让、许可及使用等,都具有不可替代的重要作用。知识产权评估主要由专门机构作出。企业在开展知识产权评估时,应考虑各种因素,比如,专利评估就必须考虑到这一专利是属于发明、实用新型与外观设计中的哪一类,该专利离保护期满的时间长短,近期市场中是否出现了更为先进的同类产品或技术等。

四、公司创新文化保障

知识产权管理战略实施的关键不仅在于公司的制度,更在于公司的创新团队。为了打造团结、高效而且忠诚的创新团队,从2011年起,深科博业全面导入CIS企业识别系统,力图将"搏·乐"企业精神融入每个员工的思想,将"科学,赢动未来"的价值观渗入企业的血脉,提升员工职业素养,增强企业凝聚力和核心竞争力,促进企业可持续发展。

(一)提高执行力打造卓越团队

执行力,指的是全体员工贯彻公司战略方案,完成公司战略目标的实战能力。它是公司竞争力的核心,是把公司战略、规划转化为效益、成果的关键。执行力包含完成任务的意愿、完成任务的能力、完成任务的程度。对员工个人而言执行力就是办事能力;对部门而言执行力就是战斗力;对公司而言执行力就是经营能力。而衡量执行力的标准,对个人而言就是按时保质保量完成自己的工作任务;对部门而言就是按时为其他团队提供优质的服务;对公司而言就是在预定的时间内完成公司的战略目标。

深科博业自成立以来,一直推行人性化的管理,营造了一个宽松愉悦的工作氛围,员工在深科博业拼搏并快乐着。但随着公司的发展,人员的增加,执行力不够的问题逐渐显现出来。

为进一步提升员工执行力、团队执行力、战略执行力,2013年11月,公司副总于德带领刘俊、罗桂江、陶国栋三位员工参加了为期三天的军事化执行力集中训练。三天的培训,他们从彷徨到坚定,从忐忑到果敢,最后到持续不断地爆发、成长、蜕变,他们越挫越勇。虽然每天只能休息四个小时,但他们始终团结在一起,相互鼓励,和其他队员出色地完成了一个又一个看似不可能完成的任务,体现了强大的执行力,最终他们所在的团队在与其他31支参训队的PK中,问鼎冠军。

此后的工作中,他们秉承"信守承诺,没有借口,绝对服从,永不言败"行动纲领,并在他们所在团队分享培训感受,以身作则,身体力行,形成巨大的执行带动力,营造出强烈的执行氛围,把执行的惯性刻入团队的灵魂,实现了巨大的蜕变。

一个执行力强的公司,必然有一支高素质的员工队伍,而具有高素质员工队伍的公司,必定是一个充满竞争力的公司。小成靠个人,大成靠团队,只有团队的成功才是公司战略的成功,打造深科博业执行型团队将是公司2014年的战略重点之一。

(二)快乐工作,幸福生活

2014年的央视春晚,大萌子和爸爸的30年合照伴随歌曲《时间都去哪儿了》的演唱,感动了无数人。在深科博业，一位34岁的爸爸，每天为女儿圈圈画漫画，记录女儿的成长。

最近，"圈爸"将这些名为《圈圈绘画日记》的漫画发上网络，顿时引起一阵不小的轰动。对于"圈爸"的这份用心，网友们羡慕不已。随着网络的传播，吸引了《现代快报》、南京电视台、中央电视台、新浪网、凤凰网等数十家媒体的专题报道，引起很大反响。

2014年34岁的"圈爸"名叫王孝贤，是深科博业技术部资深工程师，2003年大学毕业后来到深科博业工作。2009年女儿圈圈刚出生时，这位幸福的爸爸就决定记录下女儿的成长历程。一开始，他选择了记日记的方式。"每天都写，主要内容就是每天吃了什么，上了几次厕所之类的。"尽管很认真，但老婆挺"不屑"，"这有什么好看的"。王孝贤自己也发现，这些日记不生动也不有趣，而且此后再也没翻过。于是，从圈圈两岁半起，他"改变风格"，开始了漫画的创作历程。最早的一幅，是一张画在卷纸上的全家福，创作时间是2012年春节。"纸在隔壁懒得去拿，抓到什么就直接画了。"王孝贤笑着说。虽然绘画技巧不能和现在相提并论，但这宝贵的第一幅女儿漫画，还是被王孝贤精心保存至今。到现在，他已经画满了三本。每天1小时用漫画记录女儿生活细节。王孝贤所有的画，也基本都没什么"主题"。女儿无邪的童真举动、一家人其乐融融的片段、父女俩或温馨或搞笑的瞬间等，是他主要的灵感来源。王孝贤一般会选出一天中印象最深的一个场景，先用铅笔画草稿，再用水笔描一遍，然后完成细节，包括打阴影等，最后用毛笔写下一段说明文字。完成一张，大约耗时30分钟到1小时。"为了防止遗忘，我会随时把女儿说过的有意思的话，录在手机里，晚上画画的时候拿出来放。"

从2014年元旦起，王孝贤将漫画搬上了给女儿新买的《日课》本上。这是一套分为春、夏、秋、冬四本的民国老课本，近几年被出版社重新出版，每页的左边是老的民国教材，右边是空白页，正好画画。"买毛笔，也是为了'配合'左边的民国课本。"正因为如此，《圈圈绘画日记》也被不少人盛赞为"好有民国风"。在王孝贤看来，和照相最大的不同是，绘画可以做到"情景再现"。有的事过得太快，当场来不及拍下来，又没法让孩子重新摆造型，而画下来就不会错过了。

"圈爸"的幸福生活、快乐工作并不是个例，在深科博业公司，经常举办形式多样的业余活动，例如素质拓展、节日聚会、体育竞赛、生日祝福等，公司也会邀请员工家属参与一些活动。多彩的员工活动，不仅丰富了员工的业余生活，增强了员工身体素质，增进了员工相互之间的友谊，而且创造了和谐的企业文化和工作环境。此外，公司还创办了《深科博业》为刊，高效整合企业内外部资源，有效加强公司与员工、客户、供应商之间的沟通，成为企业文化建设的有效工具之一。

先进的企业文化、良好的工作氛围，让每位深科博业人感悟到"理想与拼搏同在，成功与快乐共存"的真谛，以自己的实际行动践行"搏·乐"精神。

五、展望未来

未来深科博业的发展将朝着两个方向前进，其中第一个方向是在行业内向纵深发展。深入行业，研发出更多符合行业发展需求的产品，加大科技投入力度，丰富并完善现有的市场。如今行业内的竞争虽然十分激烈，但是市场的空间还是很大，特别是在国家宏观政策的指导下，新能源产业的发展、电网建设的规模化以及城市建设的规范化等，都为企业发展提供了无限的空间和潜力。另一个方向则是把目光投向行业外的发展。未来企业的发展和竞争肯定会锁定在行业外的领域，公司也在逐渐调整战略结构，丰富自己的产品线的同时也时刻关注其他行业的发展。审时度势，公司下一个十年通过战略目标的调整将致力于做行业整体方案的提供者，这是一个长远且兼具智慧的目标，为此公司也在积极备战新一轮的发展。硬件的投资已经初具规模，崭新的大楼已经拔地而起。在加强企业硬实力的同时，深科博业也不忘企业软实力的发展，即企业文化的建设。有价值的企业文化的形成需要一个过程，在过程中不断被感知和凝练，在实践的过程中不断去调整。无论是在产品还是在员工的素质提高上，学习一直是公司不变的方针，学习才能提高，才能求得更大的发展。

同样，一个企业只有拥有核心竞争力才能在市场的浪潮中争取一席之地。研发和创新就是深科博业的核心竞争力。深科博业一直重视创新的作用，创新也体现在点点滴滴的进步中。深科博业要求公司的所有新产品都要有所创新，虽然公司曾经遭受过未及时申请专利的损失，但是公司的创新能力在行业内、在许多人眼里有目共睹，一些行业内的中小型企业甚至模仿公司的产品，这也从一方面印证了企业强大的创新能力在带来高品质产品和提升企业实力的同时，也为行业的发展树立了新的风向标，当然深科博业也一直在学习，吸取别人的先进经验，在相互学习中完善自己。

南京是电力自动化企业成长的沃土，很多自动化企业都在这里诞生和发展，得天独厚的产能集聚力是其他任何区域所不能比拟的，这对于深科博业的发展无疑是一个极好的机遇，只要有信心，随着企业的发展壮大必然能吸收更多的产能，吸引更多的人才。机遇总是与挑战相伴而生，有的时候一定的机遇会给企业在短时间内带来很大的发展。企业业绩的增长固然是可喜的，但绝不能拔苗助长。要根据自己的能力不断地去匹配相应的资源进而增加市场占有量。过快的发展必然会带来一定的问题，如果处理不好就会得不偿失，对未来公司的长远发展是不利的。压力正是企业发展的第二驱动力，所以企业在为客户提供好的产品和服务的同时，要积极加强与供应商交流和沟通，用共同的力量，应对面临的困难和危机，共同发展。

无论何时何地，深科博业都一如既往地将"心植绿能，智创效能"作为企业的经营宗旨，以优质可靠的产品和超出顾客期望的服务，为绿色能源和智能电网的建设贡献力量。如今的深科博业用自己的创新追求和奋斗精神取得了优异的专业成绩，更得到了许多业内人士的认可和赞誉。

新的征程上，深科博业已经扬起风帆，未来的路上它会越走越远，用新的辉煌书写新的篇章。

六、启 示

一群怀揣着梦想与激情的年轻人，秉承不惧艰险、勇攀高峰的奋斗精神，创立了南京深科博业电力自动化有限公司。在经历十多年的风雨洗礼之后，深科博业这棵年轻的幼苗，终于长成了今天的参天大树。它从一个名不见经传的技术型民营企业走到今天，其艰难可想而知。从深科博业这些年的发展历程中我们可以总结出以下几点启示。

（一）自主创新是企业核心竞争力的灵魂

深科博业一直以来倡导"科技开启动力"，围绕客户需求进行创新，寻求产品"科技化"，把自主创新作为企业发展的核心手段。同时，在坚持自主创新的过程中，还始终坚持产学研相结合，与国内多所著名院校和研究所建立了密切的联系，促进了科技成果到工业应用的转化过程，保证了企业持续发展所需的技术储备。

（二）激励制度是企业发明创造的不竭动力

深科博业为激发科技人员的创新动机，制定了详细的激励制度，充分调动科技人员的积极性，挖掘科技人员的潜能。因此一个企业要想在市场上独占鳌头，必然要重视并发挥激励机制的功能,保障科技人员的基本的特定权益,提升科技人员的精神状态,挖掘科技人员的智慧潜能。

(三) 规范管理为企业保驾护航

深科博业在进行技术创新时,运用专利及其他知识产权制度的功能,从企业经营与发展的角度,对有关知识产权的获得、保护使用和管理等作了总体安排和部署。通过制定知识产权规范管理等切实有效的制度为保护企业知识产权奠定了良好基础。

(四) 创新文化促进企业持续发展

深科博业全面导入 CIS 企业识别系统,将"搏·乐"企业精神融入每个员工的思想,将"科学,赢动未来"的价值观渗入到企业的血脉,提升员工职业素养,增强企业凝聚力和核心竞争力,促进企业可持续发展。通过企业创新文化激发员工的使命感,增强员工的归属感,加强员工的责任感,赋予员工荣誉感,提高员工的成就感。

如今的深科博业在经历了一次次坎坷之后,成功地站在电力行业的前列。深科博业相信,阳光总在风雨后,只要共同努力,风雨之后必见彩虹。

〔参考文献〕

[1] 深科博业电气股份有限公司官网 [OE/OL]. http://www.thinkboy.com.cn/index.Aspx.
[2] 陈昌柏. 知识产权战略 [M]. 北京:科学出版社,1999.
[3] 吴汉东. 知识产权制度基础理论研究 [M]. 北京:知识产权出版社,2009.
[4] 冯晓青. 知识产权法利益平衡理论 [M]. 北京:中国政法大学出版社,2006.
[5] 人性化的管理,军事化的执行 [OE/OL]. http://www.thinkboy.com.cn/newsshow.aspx? newsid=89&newstype=1.2014-01-06.shwx/20140227/69797.html,2014-02-27.
[6] 刘林森. 从申请专利看市场竞争 [N]. 光明日报,2001-06-18.
[7] 马海群. 论知识产权信息开发与企业竞争情报研究 [J]. 情报科学,2003 (2).

THINKBON: Sunshine always After Storm

Liu Xinyan   Shen Zhongqin

(Nanjing Tech University College of Economics and Management, Nanjing 210009)

Abstract: NanJing THINKBON Automobile Electronics Co., Ltd (for short: THINKBON) is one company that is specialized in technology research, product development, production sales and engineering services in the field of electric power system protection and control. This conpany always adhere to innovation since its foundation, forming three major product line: The relay protection, electric power meter and electric power capacitor, which has made great contribution to the technology advance and economic development in the field of power industry of our country. This case describes the independent innovationand a series of intellectual property disputes in the progress of university–industry cooperation in detail, which highlights the importance of THINKBON intellectual property management for a technology company. This case is also combined with intellectual property management practices in THINKBON company, and points out that for the intellectual property management, technology company can use three big magic weapon: The effective incentive system of intellectual property rights, standardization of intellectual property management system and the innovative culture system.

Key Words: THINKBON; Independent Innovation; Intellectual Property; Culture of Innovation

南京常荣：以知识产权走创新发展之路

杨青熊 成扬

(南京工业大学经济与管理学院，南京 210009)

摘　要：南京常荣坚持科技创新的理念，从领导层形成知识产权共识、初步确立知识产权战略方向、明确知识产权战略重点等方面先行推进其知识产权战略，为其大踏步前进奠定了知识产权的基础。在维护其行业领先的高声强声波吹灰系统、超微孔系列吸声材料、声学试验控制系统三大领域的同时，依然坚持在研发之前、研发过程中、专利申请中这三个阶段实施全方位的知识产权保护战略。常荣专注核心领域，重视专利质量，让企业的每一位员工都参与知识产权保护，从而提高知识产权保护的效率，并且取得了显著的效果。知识产权保护战略的有效实施，保障了南京常荣科技成果的充分利用，使企业保持持续的创新活力，经营业绩得以逐年提升，依靠知识产权走上了创新发展之路。

关键词：南京常荣；知识产权战略；专利质量；知识产权保护

提起噪声，大家脑海里可能会立刻浮现出街道上的汽车喇叭声、建筑工地的机器轰鸣声、公共场所的说话声，甚至家里空调运转的声音。随着工业时代的到来，噪声污染也紧随其后，影响着人们的生活环境。现代科技的发展，使得噪声的控制技术显著改善。人们不仅可以采用工程技术措施控制噪声源的输出，控制噪声的传播和接收，把噪声影响控制到最低限度，从而实现人们所要求的声学环境。更为神奇的是，人们还有能力将噪声变废为宝。比如通过设置神奇的"大喇叭"实现声波吹灰，通过声音的共振把设备中的灰尘污垢清理干净，提高热交换率，极大地降低能源损耗；再如研制高声强发声器，用于产生高强噪声，从而通过模拟声学实验，帮助载人飞船、卫星、运载火箭等飞行器完成声环境耐疲劳试验，创造经济和社会效益。

南京常荣噪声控制环保工程有限公司（以下简称"常荣"），就是这样一家声学奇迹的创造者。常荣成立于2001年，坐落于江苏省南京市，毗邻南京大学，占地6000多平方米，建有声学与振动实验中心和标准化厂房，年产值达5000万元，是一家专业从事声学节能环保产业的高新技术企业。作为研究声学、控制噪声的专业公司，常荣不仅拥有多项噪声控制的专利，还在发声、消声、吸声、隔声、隔振等多个领域有所突破，在振动控制工程、清灰除尘工程、环境噪声治理工程、大型声学实验室建设方面都有一定的成果。公司具备环保工程专业承包资质、环境污染治理甲级资格、军工保密资格和武器装备科研生产资格，是国家高新技术企业、江苏省创新型企业、江苏省企事业知识产权管理工作推进计划实施单位、江苏省企业知识产权管理标准化示范创建先进单位、南京市知识产权工作示范企业和南京市重合同守信用企业。近年来，公司先后获得国家重点新产品计划、科技部科技型中小企业技术创新基金、江苏省科技支撑计划等若干省级以上科技计划的立项资助，主持或参与制订声学和振动领域的国家标准3部。

一、创新观念，知识产权战略先行推进

改革开放以来，国家对环境保护以及噪声与振动控制非常重视，在《中华人民共和国环境保护法》的基础上制定了《中华人民共和国环境噪声污染防治法》，先后制定颁布了噪声与振动方面的标准160多个。这些法律和标准大大促进了噪声与振动控制技术行业的发展。另外，随着人民生活水平的提高，"以人为本"的环境保护意识不断增强，人们通过投诉、申告等各种方式，为求一个舒适、安静的环境，对噪声与振动控制行业提出了更高的要求，这无疑也促进了噪声与振动控制技术和该行业的发展。同时，为适应对噪声与振动控制的小型、灵活和适应性强等市场需要，除原有的国有单位外，一大批集体企业和私有企业顺势得到发展，一方面满足了这一市场需求，另一方面企业间竞争也日益激烈。常荣伴随着这股大潮应运而生，且脱颖而出。

在声学领域，因为中国企业实施知识产权战略起步较晚，科技与研发水平相对落后，面临生存和发展环境的巨大变化，国内国际的挑战更为突出。挑战集中表现在知识产权领域，对技术和品牌制高点的争夺愈演愈烈。常荣的创立恰恰走的就是先攻知识产权，再有公司的道路。由于看好声学技术广阔的发展前景，张荣初带领自己的研发团队，先对当时国内空白的高声强发生器进行初步研制，然后于2001年7月成功之时，张荣初决定将高声强发生器成果进行市场转化，注册成立了南京常荣噪声控制环保工程有限公司。2003年，张荣初注销了在靖汇经营的空调企业，全身心投入新公司的经营管理中。以先进科技攻关起家的常荣在创立之初确立"科技领先、信誉至上、以人为本"的发展战略的基础上，树立起强烈的知识产权战略意识。当时，在我国的众多企业中，能够真正建立自己的知识产权战略的企业寥寥无几。常荣董事长张荣初却认为，真正的原因并不是企业家认识不到知识产权战略的重要性，而是没有真正掌握知识产权战略与企业自身发展战略的关系及相应战略实施的方法。

（一）领导层达成共识

张荣初认为"要大力实施企业持续发展战略，必须依靠技术创新与知识产权。目前，我们公司90%以上的产品都拥有自主知识产权"。企业知识产权战略与企业经营战略直接相关，实际上也是企业整体发展战略的组成部分。企业知识产权战略主要是指通过对市场及企业自身知识产权特点和规律的研究，为了建立企业自主知识产权、充分运用知识产权管理和保护制度、确立市场竞争中的优势地位、使自身的合法权益最大化、谋取最佳经济和社会效益而制订的整体性规划和一系列的策略和措施。企业知识产权战略的实施涉及企业经济和科技情报分析、市场预测、新产品动向以及经营者在某一阶段的经营战略意图。

在常荣建立之初，曾召开多次高层会议，现在领导层统一认识，要求把知识产权工作和企业发展战略同步推进。公司上下首先对企业形成知识产权战略的意义达成共识：第一，全面提升企业核心竞争力，持续提高企业的技术创新能力；第二，完善和规范企业现代管理制度，优化资源配置，降低成本，实现企业经济利润的最大化；第三，降低潜在的侵犯他人知识产权的法律风险，并时刻保护企业自身的合法权益；第四，以知识产权创造为核心培育企业新的利润增长点，通过知识产权交易等策略实现其资本扩张与市场垄断。

（二）初步确立知识产权战略推进方向

企业如何建立知识产权战略？

第一，企业知识产权战略的建立，应正确确定知识产权战略与管理的原则、目标和基本任务。常荣把企业知识产权的战略定位为混合型战略模式，即从企业和市场的实际情况出发，综合采用进攻、防御和跟进各种方式的战略，其实质是以主动开发自主知识产权为核心，抢占本行业知识产权发展的制高点，垄断或扩大市场。以此为基础，紧跟本行业知识产权发展方向，稳定持续地推出具有自己企业特点的知识产权，保护已有的良好市场状况。同时通过研究已有的先进技术，进行技术对比与分析，结合自身特点开发新技术或新产品。

第二，建立健全知识产权管理和保护制度，包括专利管理制度、商标管理制度、技术及商业秘密管理制度等。企业知识产权战略必须通过上述具体的知识产权管理制度使之具有可操作性。另外，也要慎重处理研发人员职务发明问题，从制度上完善成果归属、奖励、报酬等制度。

第三，健全企业知识产权管理的组织体系。由企业决策层、企业知识产权管理部门、企业中与知识产权有关的业务和技术部门及全体员工构成的组织体系，是知识产权战略得以实施的重要保障。

第四，营造知识产权导向的文化氛围，不断加强企业知识产权意识的培养，通过讲座、定期组织专项培训等形式，有效强化知识产权保护和风险意识。

（三）明确知识产权战略落实重点

常荣结合企业优势，把握技术发展特点，重点在企业知识产权创造战略、知识产权人力资源战略和资金投入战略三方面进行了战略落实，保证企业持续的创新能力。

知识产权的创造是企业竞争的立行之本，声学是公司起步与发展的立足产业。公司定位在声学领域，从发声到各种声音的控制，公司始终以业内最专业的水准来严格要求自己，并确立了企业愿景：成为最具专业性的国际化声学科技企业。公司侧重在军工声学、声部吹灰、超微孔吸声材料领域，确立自己的知识产权创造领先地位。即军工声学的研究，依托拥有国内唯一的大型风洞实验室的优势，着重在发声器的研制、声音材料、特制的消声通道，还有减震设施等方面全程介入。声部吹灰领域，是用声音来解决发电厂发热元器件上的灰尘堵塞问题，常荣力争多创专利产出；超微孔吸声材料力争多出拳头产品，实现知识产权产业化。在以上三个领域，公司要增强自己的专利实力，打好基础，让别人无法模仿。公司知识产权创造战略的实施，包括评估自己的专利，拾遗补阙；通过产品的市场使用发现缺陷，查市场漏洞；发明人在自身知识完备过程中发现一些可以改进的地方，追求自己的更高水平技术，自查漏洞。

知识产权的竞争，实际上就是人才的竞争。企业知识产权人力资源战略，是指企业为了实现知识产权的战略目标，应用科学管理的手段和方法，对人力资源进行协调和管理的战略。其包括组织机构、宣传培训、人才招聘、奖金报酬、企业文化等内容。应该说，噪声与振动控制行业的迅速发展不是偶然的，它的发展有一个技术后盾，那就是一个比较有力的噪声与振动控制技术队伍。目前，国内直接从事噪声与振动控制的教学、设计、研究、监测、计量的单位有200余个，人数在3000人以上。常荣在其中脱颖而出，拥有一支专业技术过硬、知识结构合理、老中青相结合的人才队伍，公司现有人员93人，平均年龄31岁，其中博士2人，硕士4人，大专以上人员68人，主要科技人员34人，直接从事技术开发的人员21人。

作为科技型中小企业，研发实力就是企业的生命力。常荣始终坚持技术创新战略，对于创新的投入毫不吝啬，每年拿出一部分销售收入设置研发专用账户，用于内部立项课题、科研硬件建设、科研奖励等且经费逐年增加（如图1所示）。公司还拥有独立的振动与噪声控制产品研发中心和声学实验中心，并配备了整套国内一流的先进生产加工设备，数控化程度高、精度好、效率快，完全满足高强度的生产要求。公司对知识产权的投入，取得了累累硕果，专利产品产值占到常荣总产值的绝大部分（见表1），而这也构成常荣的持续增长点。

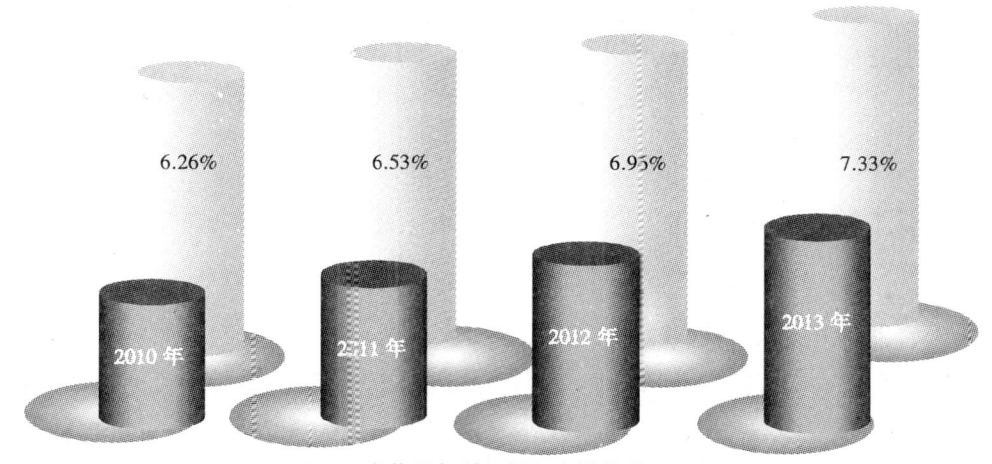

图1 常荣历年科研投入占销售收入比例

表1 常荣近三年总产值和专利产品产值表

年 份	总产值（万元）	专利产品产值（万元）
2011	2100	1500
2012	2800	2200
2013	4000	3100

二、三大领域当仁不让，专利发明保驾护航

知识产权的创造是企业发展的生命力。拥有自主知识产权和专利，一直是常荣不变的追求。从初创期的高声强发声器与声学试验控制系统，到超微孔系列吸声材料，再到可调频高声强声波吹灰系统，在这三大研究领域，常荣集中全力，重拳出击，分别形成了多项专利技术，从而奠定了其在声学领域的强者地位。

（一）声学试验控制系统

1997年，在一次北京某航天研究所中央空调安装项目的实施过程中，张荣初偶然听到对方聊天时透露出亟待解决的技术难题，即该所进行航天声环境模拟实验需要一种高强噪声发声设备，而该设备仅有两家对我国技术封锁的国外军工企业能够生产，只能通过中国香港相关渠道以各种零部件进口的方式转手采购回来组装而成，不仅程序烦琐，而且一旦出了故障也无法维保。当时国内军工单位仅有两台设备，其中一台已经损坏无法工作，所以该所迫切需要该技术能够实现国产化采购。

兴趣是成功最好的老师，这一市场需求正是张荣初十分感兴趣的声学技术方向，仔细考虑之后，他决定投入该行业高声强发声技术的研究当中。经过4个月的理论研究和技术学习，他找到了该技术研发的方向，即我国声学泰斗马大猷院士的电动调制气流扬声器理论。当时国内生产的高声强发生设备的声功率最高只能达到1万瓦，频带也较窄，不能满足航天声环境模拟实验大功率、宽频带等主要指标的要求。怎样解决这一技术难题呢？通过一系列的研究与调研，他们发现解决问题的关键在于能否找到几种满足不同工况要求的轻质高强（耐疲劳性好、屈服强度高）特殊金属材料。经过一年多的不懈寻找和反复实验，终于找到符合研制要求的材料。之后张荣初和他的团队进行了设备结构设计定型加工，设计出样机。在经历过无数次的痛苦与失败后，前后共经历了四年多从实验样机、中试、试用，声功率突破了2万瓦、3万瓦甚至5万瓦的大关，频率也在刚开始低频产品的基础上先后拓展开发了中频、高频频带的全覆盖产品，满足了我国航空航天的需求，为国家的航空航天事业尽了一份力。

这次的创新与其说是创新不如说是一种责任，国家的发展民族的振兴，是每一个企业的社会责任，常荣更以服务国家航天单位这样的客户而感到由衷的自豪。目前，声学试验控制系统已经广泛应用于载人飞船、卫星、运载火箭、大型飞机等的飞行器的声学性能测试，虽然这些领域离我们的日常生活有一定距离，其高端性也决定了一般的企业无法顺利涉足这样的领域。声学试验控制系统正是常荣的一张辉煌名片。

（二）超微孔系列吸声材料

高声强发生器能够实现稳定销售，但是航天航空领域对该产品的需求相对有限。既然高声强能够发出如此大功率的声音，能不能消除减少社会生活中的噪声呢？带着这种疑问和兴趣，张荣初团队开始展开对吸声降噪材料市场的技术调研。

当时国内主流吸声材料为阻性吸声棉类材料，面对巨大声能量的冲击，吸声棉材料会因被震碎而导致吸声效果失效，同时破碎的吸声棉碎屑会慢慢溢出飘浮在空气中造成二次污染。张荣初团队经过调研了解到，中国科学院资深院士马大猷提过基于利用空气进行吸声的微孔板共振吸声理论，而德国大物理学家的亥姆赫兹共振吸声理论，也在声学理论界具有崇高的地位，如果能把两个理论结合起来运用那该多好！于是张荣初团队把这两个理论转化为产品作为下一步研究开发的目标，而此前国内外若干单位和组织投入大量人力、物力、财力也未能很好地研究开发出此项成果，其应用技术开发难度之大由此可见一斑。

困难越大越能激发张荣初挑战的决心，为了避免重蹈国内外企业与研究机构失败的覆辙，张荣初的技术团队先瞄准该理论转化成产品的技术"瓶颈"和难点，采取按技术难度对研究的不同影响程度依次攻克的方式实施产品开发，并先后广泛进行相关技术查新并在行业内外进行调研、考察，寻求突破的灵感和思路。

经过两年多的反复设计、试制、模拟、改进和测试，张荣初团队攻克了一系列技术难题，成功研制出了第一种金属超微孔吸声板和计算分析模拟软件，终于实现了微穿孔板共振吸声理论的产品转化，其研发、生产的CR-SB型声屏障不仅顺利通过江苏省科技成果鉴定（拥有4项专利和1项软著作权），还先后被评为"南京市高新技术产品"、"江苏省中小企业专利新产品"和"国家重点新产品"，并获得"南京市科技进步三等奖"，整体技术达到国内领先水准。在2004~2005年度南京市科技发展计划的资助下，该技术已初步实现规模产业化应用的目标。

在航天实验室开展金属微穿孔吸声板应用的基础上，团队技术人员持续创新，先后形成了透明微穿孔空间吸声体、超微穿孔吸声膜、金属超微穿孔蜂窝吸声体、金属超微穿孔吸声垂片等一系列新型吸声材料，完成了吸声产品的升级换代，发展并丰富了微穿孔板共振吸声理论。

目前，这类吸声材料的应用范围也早已从航天实验室拓展应用到各类大型公共建筑的声学环保装修工程中，广泛应用于各类公共建筑、高速公路噪声屏障等领域。值得一提的是，包括国家网球中心新馆、辽宁科技馆、安庆体育中心、马鞍山会展中心在内的重点场馆建设项目均大量应用了这一金属超微穿孔系列吸声材料，这为公司创造了良好的经济效益和社会效益。

（三）高声强声波吹灰系统

2007年的一天，在新浦化学（泰兴）有限公司降噪工程施工现场，张荣初了解到锅炉使用的声波吹灰器与常荣的技术密切相关。当时新浦公司自备电厂锅炉安装的是北京一家公司的声波吹灰器，并不能达到理想的效果。这给研究声学的张荣初带来极大的兴趣与激情，是否可以将已经在航天领域成熟应用的高声强发生器二次开发变成应用于电厂锅炉的可调频高声强声波吹灰器？联想到之前的航天噪声模拟实验中，实验室墙壁涂层经常严重剥落，用一段时间便需重新涂抹。高强声蕴藏的能量大到已经可以震脱固定好的墙壁涂层，那么利用高强声发出的能量去除设备运行过程中粘在锅炉的灰垢在理论上也是完全可行的。

基于此契机，张荣初组织技术人员进行高声强发生器的产品转化开发，经过紧锣密鼓、争分夺秒的设备转化设计、试制、组装、调试和实验，仅用了七个月左右的时间，第一台可调频高声强声波吹灰器安装到新浦公司自备电厂的锅炉上。经过六个月的试用，电厂给予了仅用一台可调频高声强声波吹灰器就大大超过了原来八台旋笛式声波吹灰器的吹灰效果的充分肯定。

声波吹灰，还广泛应用于火电厂的机器设备。由于火电厂燃煤机组长期运行，受热面容易积灰、结焦，造成锅炉空气预热器堵塞，轻则使排烟温度升高，热效率降低；严重时将直接影响到锅炉的安全运行。20世纪90年代，很多发电厂成立了吹灰班，专职从事吹灰工作，那时候的主要吹灰方法有水力吹灰和蒸汽吹灰。水力吹灰器运行时常常卡住，漏水会喷到炉外设备上，为了防止发生事故，锅炉吹灰人员要跟踪巡视，一旦发现问题要及时处理，吹灰设备如不能自动退出时，要改为手动操作。投入水力吹灰器时，要在地面上启动吹灰泵，还要到锅炉上面进行监视。蒸汽吹灰器也是类似原理，吹灰器喷管手动摇出来时，吹灰蒸汽有时从管路盘根冒出来，有烫伤人的危险；喷管如不摇出来，会将其自身烧坏。炉膛边温度最高达60℃，吹灰工人经常浑身都是汗水，炎炎夏日很容易中暑。电厂一般每天都要给每台锅炉吹灰一次，虽然工作量很大，也要保证不出任何差错。

随着技术的发展，目前火电厂最常用的吹灰方法已经变成蒸汽吹灰、激波吹灰以及传统声波吹灰。由于技术仍然存在局限性，导致三类吹灰器不能完全占有市场，而以常荣为代表的企业早在前几年开始研发可调频高声强声波吹灰器。奥笛牌可调频高声强声波吹灰器是常荣以气动发生器专利为支撑，结合了高声强具有高效的气声转换效率和新型的工业自动控制两大技术研制而成的，产品成熟可靠，技术达到世界先进水平，已在多个机组成功应用，并通过了国家能源局组织的国家能源科技成果鉴定。

可调频高声强声波吹灰器的研制和应用属于航天技术的民品化。其发射功率可达30000声瓦，高强发声技术在国内首次实现了调频调幅，发声频率在10~10000Hz之间调节。能够显著提高各类机组特别是300MW、600MW和1000MW机组的电厂锅炉烟道、烟气换热器、空气预热器、静电除尘器等的除灰效率；并由于燃料的充分燃烧，可减少烟气中SO_2和NO_x的排放，具有重大的节能减排意义。

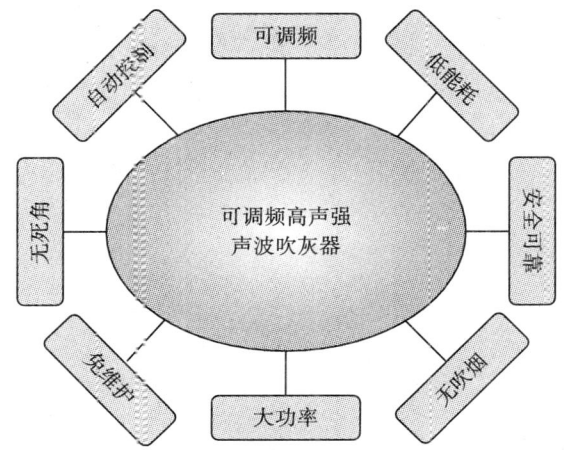

图2 奥笛牌可调频高声强声波吹灰器特点

好的产品永远不愁市场，经过5年左右的市场推广和用户实践，常荣的可调频高声强声波吹灰器取得了一次又一次的突破。产品不仅通过了西安热工研究院的性能检测，同时在国家能源局科技成果鉴定会上获得"产品达到国际领先水平，填补国内空白"的鉴定结论。而在实际使用中，无论是让无数电厂头疼的脱硫 GGH 堵塞问题，还是脱硝投运后空预器可能存在的硫酸氢铵腐蚀问题和锅炉结焦掉焦蒸汽毁损等问题，可调频高声强声波吹灰器都可以一一解决。截至 2013 年 12 月，该设备已实现在六大电力集团覆盖安装，累计实现安装 200 多台（套），形成销售收入 10000 多万元。

华能沁北电厂 600MW #1 机组空预器，于 2009 年 7 月安装了奥笛牌可调频高声强声波吹灰器，运行至今，压差明显降低，压差波动变小，控制在正常范围内，取得了良好的除灰效果，得到了华能集团领导的肯定和表扬。而华能沁北电厂 600MW #4 机组回转再生式烟气换热器，平均三个月左右就要停炉冲洗，给电厂带来巨大经济损失。了解到常荣的奥笛牌可调频高声强声波吹灰器在烟气换热器上应用效果显著，随后该厂派人去裕中能源电厂实地考察。在安装了常荣生产的高声强声波吹灰器后，烟气换热器压差可以控制在正常范围内，保证了锅炉的正常运行。

还有很多应用实例也能证明常荣的可调频高声强声波吹灰器不仅可以实现空气预热器换热元件的长周期、低差压、清洁、高效运行，而且能够替代原蒸汽吹灰器，大大降低运行检修维护成本。

三、三步措施立足长远，产权保护刻不容缓

最近两年，常荣的知识产权发展放慢了脚步，即便如此，每年也有大约 10 个专利产生。无论是国家战略还是省里的政策，都大力支持科技创新，鼓励发明创造，常荣为什么要放慢专利申请的脚步呢？

减缓申报，实属无奈之举，主要是因为专利申报以后，社会上有很多企业跟风模仿，而且它们的仿制能力极强，几乎与授权产品同步推出。比如常荣在 2013 年承接了一个项目，即沪宁高速公路某标段的噪声屏障项目，全部 8 个标段中有 3 个采用了常荣的产品。一般来讲，大型的设计院、施工公司都找常荣购买产品。意想不到的是，另一家公司仿照常荣的专利产品，也顺利竞标施工了。常荣发现了侵权行为，立即采取维权措施，可惜为时已晚，这家公司已经完成了大部分设备安装。为了减小双方的损失，经过协商，侵权公司给予常荣两个剩余的标段作为补偿。

"维权晚，主要是发现不及时。这种专利产品，只要在市场上销售以后，就没有秘密可言，中国人的仿制能力太强了。只要投入市场就很容易被仿冒，防不胜防。"常荣总工程师闻小明如是说。

创新成果离不开知识产权的法律保护。一项技术创新成果的取得，往往需要投入大量的人力、物力、财力，如果没有知识产权的法律保护，其投入是难以收回的，更谈不上获取收益，这样就无法使技术创新进入良性循环。实践中，企业实施知识产权战略的最初起因之一往往是为了保护自己的知识产权。保护战略，是指企业运用知识产权各种手段、方法和程序，有效地保护其自身知识产权合法利益的战略。为了切实维护公司的知识产权，常荣开展三步措施实施保障，将知识产权的保护提到了研发的同等地位。

（一）研发前的知识产权保护

在新产品研发之前，知识产权已经先行起步。在这一阶段，主要是进行专利检索与查新，发现其他发明人的无效专利、过期专利以及仅在国外受保护的外国专利，对这些专利加以改进

和利用，就可能成为自己新的专利。这样可以及时发现科技发展动态，并减少发明创造的前期投入。

同时，专利检索的过程也是一个查验的过程，可以发现该领域的已有知识产权分布状况，从而避免未来的产品在无意中侵犯了别人的知识产权。企业是我国社会主义市场经济的主体，也是利用知识产权资源、实施知识产权战略的主战场。企业通过研发前的知识产权保护，彰显出知识产权保护与新产品研发的同等重要的地位。

（二）研发中的知识产权保护

在研发过程中，要同步开展知识产权的申报工作。现代社会的技术发展和信息传播的速度都是有目共睹的，很可能有众多企业在研发相似的产品，一旦有人成功申报了专利，同样的研发者就会遭受巨大的损失。

在研发过程中，要及时申请专利，以确保主要的阶段性技术成果能够很好地受到专利的保护。知识产权已成为其一种十分重要的竞争资源和无形财富，成为企业获得市场竞争优势的法宝；知识产权竞争将成为企业竞争的最高形式。知识产权在企业中已经不仅是法律保护的问题，更是事关企业发展全局的战略问题。企业要在研发过程中同步实施知识产权保护，让"新生儿"时刻受到知识产权的"保护"，助其茁壮成长，不断创造辉煌。

（三）专利申请中的知识产权保护

专利申请的过程是知识产权保护的最重要阶段。在此期间，相关的技术人员要与专利事务所资深代理人之间加强合作，精心策划和巧妙设置专利的保护点，使蠢蠢欲动的仿冒者难以跳过公司专利保护的大网。

对于那些主干系列的技术，要自成体系地形成发明专利与实用新型专利相结合的专利池，全方位、多层次地保护好来之不易的知识成果。有效地运用知识产权保护制度，可以充分维护自身的合法权益，获得和保持竞争优势并遏制竞争对手，是为谋求最佳的经济利益而进行的全局性谋划和采取的重要策略和手段。

此外，在公司开展各类技术合作、签订各类技术协议、应用与推广专利新产品时，均要进行知识产权的评估审查，明确知识产权有关事项与条款，必要时还要与对方订立知识产权补充协议作为项目合同附件，以便极大维护常荣的知识产权利益。

四、一步一个脚印，知识产权管理全面铺开

2011年以来，常荣着手建立并运行企业知识产权管理工作体系，从机构设置、人员保障、职责明确、制定并实施制度、经费保障、经营活动全过程管理、建立工作台账、培训奖励、运行控制、检查分析和改进等方面进行了全面的知识产权创建。

公司确立了"声学科技创新驱动知识产权创造，精细管理促进知识产权资本化与产业化"的知识产权管理方针，形成了以全面构建知识产权管理体系为基础，以知识产权创新和运用为主线，以培养和造就高素质的员工队伍为根本，以增强核心竞争力为目标，以实施专利战略和商标名牌战略为主要内容的企业知识产权战略。

建立全面的知识产权管理制度是中小企业落实知识产权建设的基础性工作。知识产权作为法定权利的特点，决定了知识产权管理具有规范性。健全完善的企业知识产权管理制度，是企业对知识产权实施严格、规范的管理不可缺少的前提。企业知识产权管理体现在企业内部知识产权的申请、评价、保护、经营等各个方面，包括知识产权战略规划、管理机构设置、人员组

成、知识产权过程（创造和经营）管理制度、合同管理、知识产权奖励与利益分配制度、技术资料与商业秘密的管理、职务与非职务产权界定、对外合作管理等。

（一）专注核心领域，重视专利质量

曾经有一家同行竞争企业在其官方网站上发布消息，对常荣进行诽谤，诬蔑常荣产品是假冒和侵权产品。面对如此挑衅，常荣果断地向法院提起诉讼，通过向法院展示大量专利和相关研发、获奖资料，并进行详细的比对陈述，法院一审认定对方败诉，判令对方赔偿常荣损失，并在其官方网站显著位置刊登道歉声明。

一系列的知识产权案件，早已令人疲惫不堪。如何从源头上弥补知识产权漏洞，更好地保护好来之不易的知识成果呢？最根本的途径，还是要从专利申报的质量上加强把关。在三大类专利中，外观设计专利并不是常荣产品的重点，由于实用新型专利的审查不严格、可靠性差等缺陷，一旦有了纠纷很难在法律上占领绝对的优势。只有在发明专利上下苦功夫，才能真正切实提高常荣的专利水平。

发明专利是含金量最高的专利，因为它是一个全新的从无到有的创造过程。常荣越来越追求专利的质量，要把核心的创新点进行严密保护。如果只是单纯追求专利数量，也许申报越多漏洞也就越大，当其他技术人员看到常荣不成熟的专利时，也许加以改造就能变成他们自己的专利，而常荣往此方向研发的道路就会受阻。专利是一把双刃剑，运用得好，可以给企业创造很多价值，运用不好，到头来也是白忙活。

任何一家科技企业，都会时刻关注即时的科技动态，从最新的申报专利中寻找漏洞，研究别人专利的长处和缺点，把别人的技术书面化。所以，常荣的专利也会遭此"待遇"。为了不被别人轻易利用，只能想方设法把专利包装得好一点，让漏洞少一点。常荣的科技人员从研发初期就花很多时间去调研，进行相关文献和专利的检索，查找相似点进行深入研究，在分析别人研究成果的基础上，使自己的专利成果更加可靠，更为有效，进而转化为企业技术增长点，为企业可持续发展注入活力。

常荣的领导人在研发新产品时也逐步形成了专利意识，他们参加了南京市知识产权高层研修班，进一步强化知识产权战略意识，并将知识产权战略在公司系统推进。常荣通过优化流程管理，对与外单位签订的技术开发、技术合作合同中的所涉知识产权条款进行规范，如专利申请权属、技术目标的表述、完成工作后验收的标准和程序，完成合同义务过程中及后续改进过程中成果使用权属、保密人员及范围、涉及第三方权利侵权情况处理、违约救济等，将知识产权法律风险控制在最低的限度范围内，以最大限度地维护公司知识产权利益。另外，积极构建商业秘密保护体系框架，保护技术创新研究的合法权益。企业商业秘密的特点是涉及人员众多，泄露途径多样，表现形式或载体各异。近年来，常荣在劳动合同文本及管理制度方面予以规范，并对商业秘密涉密内容的确定、涉密人员岗位确定、核心技术人员流动管理、保护协议签订、保护费发放以及对于公司技术研发阶段、商业或技术合作阶段可能发生的商业秘密外泄等诸多环节进行了有益探索。常荣通过严格控制知悉范围、对计算机和存储介质实施保密综合管理、对敏感技术信息资料实施特殊隔离管理、控制商业秘密信息的传播途径、构建计算机安全信息系统、开展多种保密监督检查等途径，初步构建起商业秘密保护体系。商业秘密保护与专利保护两者相互配合，成为了公司知识产权保护的双驾马车。

（二）每位员工都是专利的守护神

知识产权从本质上讲是人的智力劳动创造的成果，没有人的积极性，就不会有智力成果，也就不会有知识产权。同样，知识产权的保护，仅仅靠知识产权一个部门的力量是远远不够

的。常荣实行人人都是专利守护神的制度,把知识产权保护责任落实到人,从而大大提高了工作效率。为此,常荣加大了科技创新和知识产权奖励力度,对承担各类科技研究项目、发表论文、职务发明申请专利获得授权、获得市级以上科技奖励的完成人、参加人员都给予个人单次500~10000元的奖励,并在每年年底通过特殊贡献奖励基金对科技创新和知识产权工作有突出贡献的人实施额外奖励。经过激励政策的实施,企业形成了良好的创新和知识产权管理氛围。

常荣的组织框架,与其说是一个知识产权创造和保护的框架,不如说是一个全面管理的框架(如图3所示)。几乎每一级领导都负有知识产权管理的义务,每一个员工都会参与到知识产权的保护中。

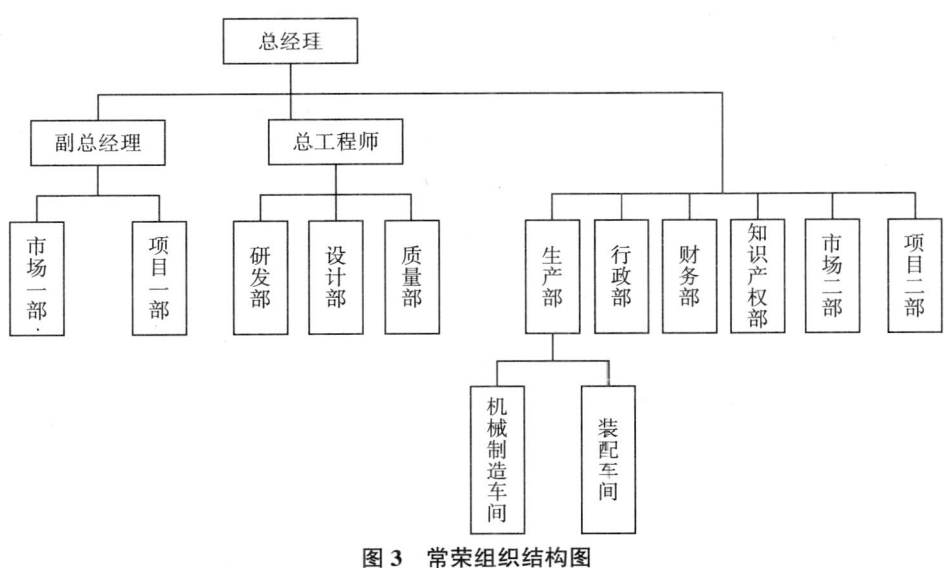

图3 常荣组织结构图

总经理:公司总经理是知识产权工作的第一责任人,其职责主要有以下内容:实施知识产权管理决策;建立和完善公司知识产权管理体系,确保为实施知识产权管理提供适宜的组织机构,配备必要的资源;建立和健全各级知识产权管理责任,落实职能,就知识产权管理的有关事宜予以授权。

知识产权主管:知识产权主管代表总经理负责实施知识产权创造、运用、管理和保护工作,对总经理负责,有如下职责:领导、审查、批准和监督知识产权管理机构的各项工作;协调企业内外有关知识产权的工作;及时向总经理提供有关知识产权的信息。

知识产权管理职能部门:公司建立知识产权部,牵头协调企业内外知识产权管理全过程,其各项工作对知识产权主管负责,各职能部门要配合知识产权部做好相关知识产权管理工作。知识产权部设立知识产权部经理、知识产权管理员岗位。知识产权部职责如下:组织编制公司知识产权目标、制度、工作计划;负责公司知识产权内部制度和控制程序的执行;负责公司知识产权的获取、使用、维护和日常管理工作;负责知识产权风险的防范与应对,依法处理企业内外部知识产权纠纷;负责公司知识产权信息资源的建设、管理和利用;负责公司员工知识产权教育和培训;负责知识产权管理体系的管理评估、内部评价等体系运行工作。

五、注重自身建设,营造知识产权发展氛围

作为中小企业,常荣要想营造好知识产权环境,首先要从自身的各方面建设抓起。知识产权作为竞争和发展的重要资源,需要渗透到职工聘用、技术开发、技术转让、市场开拓及产业

拓展等各个环节中去，把创造知识产权、保护知识产权、利用知识产权作为整体战略考虑，充分发挥知识产权的经济效用，提高企业市场竞争力。比如，构建知识产权导向的文化，从而更好地发挥知识产权的效用。其次，积极完善把知识和技术作为生产要素参与分配的制度，切实保障成果完成人的技术权益和经济利益，充分调动公司科技人员从事技术创新的积极性、主动性和创造性。最后，以开放式心态加强内外协作，努力创造名牌知识产权。努力开发具有自主知识产权的产品和技术，创出专利名牌产品，形成较强的市场竞争力和较高的市场占有率，以此推动企业更好、更快地发展。

（一）人人参与的企业文化

企业作为社会的基础单位之一，具有创建以知识产权为导向的企业文化的重任。企业文化主要是指人们关于知识产权的认知、态度、价值观和信念。一个企业的文化决定了企业的态度和行为。斯坦福大学的查尔斯·奥雷理的研究结果指出，企业文化的影响力由两个层面组成：其一是价值观的"强度"；其二是价值观在企业内的传播的"广度"。虽然企业文化是抽象的，但是有战略眼光和执行能力的企业，却能够将其演绎得具体而鲜活。常荣打造了崇尚创新、尊重知识产权的企业文化，奠定了其成为中小型科技企业中标杆型知识产权企业的基础。

1. 提炼"精神文化"

精神文化是企业特有的理念，体现企业的个性。"创造环境与自然的和谐"是常荣人共同的永恒精神追求。公司通过务改善人类生存环境和促进社会和谐发展之实，努力于环保高科技的创新创造，致力于声学环保技术的研发和应用，以缔造符合人类高质量生活要求的和谐声环境，实现人与自然的和谐发展，并以此为企业不断追求进步与发展的价值和意义所在。

2. 创新"制度文化"

每个企业都有一套规章制度，它也是一种文化。常荣针对各种岗位的员工，制定了必要简明的"员工行为规范"，让大家遵守执行，保证企业有序运作。尤其是在知识产权方面，增添了相关规范要求，体现出知识型企业的特色。常荣在各管理环节、各流程大力推进知识产权基础性管理，在获取、运用、维护、保护、合同管理等诸多基础环节进行了规范。常荣的团队建设制度也很完善，由于企业规模不大，员工之间的团结显得更为重要，为了增进员工之间的沟通和合作，常荣十分重视团队的建设。公司针对团队发展有专门的文件说明，在团队建设费、项目申报、业绩评估和奖励等多方面也有明确规定，以促进团体活动的顺利开展。

3. 倡导"行为文化"

企业精神不能"说在嘴上，写在纸上，挂在墙上"，应当落实到企业的生产、经营、管理的各个方面，落实到企业员工爱岗敬业、诚实守信的行为上去。常荣善于通过实打实地开展各种活动，让企业员工感受企业精神，增强企业的凝聚力。比如，根据工作实际和授课对象，常荣经常围绕专利战略和企业技术创新主题，为研发中心和营销中心的员工组织一些讲座，以大量丰富生动的例子和深入浅出的剖析，寓专利法于企业日常工作中。公司闻小明总经理还经常到知识产权专利事务所交流，和知识产权法律专家一起深入探讨有关专利战略问题，并同员工就专利申请和企业专利技术开发问题面对面交流，很有针对性，对其技术创新很有帮助。常荣认为这样的活动形式对激发员工发明创造，进一步提高知识产权保护意识很有好处。

4. 完善"物质文化"

企业的物质形态也能反映企业特点和企业形象。尊重协作是常荣员工人人知晓的企业文化。常荣人强调公司是一个分工明确但又紧密联系的统一整体，人与人之间、部门与部门之间唇齿相依、荣辱与共。公司各项工作的开展都离不开大家的相互配合和彼此协作。公司崇尚相互尊重、团结协作的和谐。因此，公司在物质设施方面也做了相应配合。例如常荣敞开式的大空间办公格局，更有利于营造员工努力工作、遵守纪律、互相竞争、互相沟通的良好氛围，比封闭的办公条件更加先进。

（二）有效的激励模式

科技型企业中知识型员工较多，他们独特的个性特征和工作特点、心理和能力特征上的差异，决定了不能运用传统的控制式管理方法，应尽量采取正激励，运用有竞争力的薪酬、积极创造发展空间、精神和情感激励等激励机制。有专家调查分析得出中国知识型员工的激励因素排序为：工资报酬与奖励、个人的成长与发展、有挑战性的工作、公司的前途、工作自主和有保障与稳定的工作。知识型员工比普通员工有更高层次的追求，除基本的薪酬需求外，非常重视追求更高层次的自身价值的实现，他们渴望看到工作的成果，期待自己的工作更有意义并对企业和社会有所贡献。他们注重他人、组织及社会的评价，强烈希望得到社会的认可。

为有效激发公司员工的积极性，最大限度地发挥他们的主观能动性和创造力，常荣建立"以人为本"的人力资源管理体制，注重知识型员工自我价值的实现；关注知识型员工的个体发展，充分给予知识型员工学习和培训的机会；对知识型员工采取人性化的人力资源管理策略；运用最基本的薪酬激励手段；建立并完善绩效考核为中心的激励机制；积极探索智力产权制度；重视创新授权激励。

针对研发设计人员制定了激励机制，公司采取物质激励与精神激励相结合的方式进行，分别对专利获得、论文发表、节约研发预算、研发成果创造经济效益等进行不同等级的物质奖励。同时，常荣定期开展表彰大会，对研发设计人员进行公开表彰。

知识型员工更倾向于拥有宽松的、高度自主的工作环境，更强调工作中的自我引导和自我管理。常荣的管理层经常和技术人员交流沟通，了解知识型员工的意见和想法，鼓励他们提出合理化建议。当他们的合理化建议被采纳或者工作取得成绩时，及时给予适当的表扬、奖励。对知识型员工开诚布公，以诚相待，同心同德。对他们的创新之举宽容，允许其失败。常荣宽松的氛围，让知识型员工感觉在企业受重视，进而增加了对企业的满意度。

注重青年技术骨干的培养，为他们提供自我提升空间。公司规定每年每个研发人员都要承担课题，通过课题来不断学习，用课题来培养研发人员。对于杰出骨干，公司每年拿出一部分的研发课题由他们担任主承担人，并以技术顾问的名义在团队开展重大科研的时候，请专家帮忙，推进课题项目的深入。同时公司注重人员培训，积极组织知识产权工程师、邀请专家教授给员工定期讲课，进行技术创新方法等相关专业培训。为科技人才发挥作用，创造好的条件。

建立并完善绩效考核为中心的激励机制。绩效考核为中心的用人和激励机制是企业人力资源管理的必需。常荣认为对知识型员工的工作成果，不能采用一般的经济效益指标加以衡量。企业必须结合知识型员工的工作特点、岗位特点以及企业实际情况，建立科学、合理的绩效考核系统，正确评价知识型员工的个人价值：①对知识型员工的绩效考核应实行目标管理。注重知识型员工工作过程难以监督和控制、工作成果不易衡量等规律，考核无须对中间过程进行严格监控和督促。为促进知识产权创造能力的提升，常荣将知识产权考核指标纳入了科技成果评审标准，要求每个课题项目必须要有知识产权产出、相应的科技成果，比如发表文章或者申报专利。像省科技厅、市科技局的课题，必须要按时完成，至少要有理论成果。一般要有两个认可，既有政府部门的技术认可，还要有市场认可。②建立利益共同机制，把员工利益与企业利益结合起来，使人才和企业形成紧密的关系，激发知识型员工工作热情。常荣出台产品研发协议等九个文件，鼓励知识产权创新，跟员工的效益直接挂钩。常荣规定，如果员工研发的产品投放市场，得到了社会认可。那么政府给予企业的奖励，企业会拿出其中的10%给创造者。如果研发的产品市场效益好，常荣预计会把销售额的2‰~5‰拿出来给予奖励。从而鼓励员工创造新产品，鼓励员工把自己的产品保护好。公司还借鉴运用"年薪制"、"期权制"、"红利制"等分配方式，重奖贡献大、效益突出和关键岗位的优秀知识型员工。公司目前在考虑要在新创板上市，如果成功，公司会再拿出1%的原始股，进行激励。

（三）鼎力相助的外部资源

常荣与国内众多名牌高校保持着长期合作关系，包括南京大学、东南大学、同济大学、中国科学院声学研究所、中国航天科技集团下属多家研究院、中国航空集团下属多家研究所等。在合作过程中，各方加强沟通，相互增进了解，不仅了解另一方的政策和实践，而且了解到对方在经济社会中的角色定位和资源优势，以达成知识评价上的一致，缩小知识需求与知识供给的差距。不断地交流与沟通，使常荣与各高校之间容易达成双方的知识信任，降低知识转移中的黏度，提高知识的共享与利用成效。同时，搭建知识协同的平台，也可以最大限度地减少或消除利益导向不同的产学各方出现的知识摩擦与信息损耗。合作方共同创建、参与和管理多种形式的知识交流与共享通道，改变了传统产学合作中企业存在的急功近利思想和片面理解，从单纯的"大学提供成果—企业将成果转化为产品"的"交钥匙工程"观念，转变为双方共同进行知识创造的持续合作思想，组织好知识互补的专家共同领导知识协同过程，提高了产学研合作的整体效率和绩效。

此外，常荣还聘请了北京卫星环境工程研究所、南京大学、东南大学等多名专家教授担任技术顾问，进一步深化与高校的合作。通过网络化的知识协同将个体知识交织融汇形成小组知识，形成了全新形态的多个子知识库，这些子知识库为产学合作各方所吸收、利用和集成，在扩充自身知识库的同时，通过知识平台进行再一轮的组织间学习，包括显性知识和隐性知识互动，进行知识的逐步再生，最终实现产学研知识库的知识螺旋发展。

在企业知识产权意识和能力提升方面，政府有关部门给予的帮助和支持也是不容忽视的。省、市的知识产权部门多次组织相关企业进行知识产权培训和辅导，帮助企业提高知识产权保护意识，同时，用生动形象的知识产权维权案例，帮助企业快速认识到知识产权建设与维护的重要性，以便更好地开展企业的知识产权活动。知识产权教育培训，有效提升了企业知识产权管理人员的素质。同时，也选拔出了企业的实务人才，经政府培训成为江苏省知识产权管理人才后备军队伍，缓解了企业知识产权高端人才供需失衡的矛盾。

对于常荣，还有一块引以为豪的"招牌"，它是部分军工产品的研发单位和生产者。有了这块招牌，企业的很多业务得以有序开展。军工产品由于其自身从研发到生产各个环节的保密性，一般都能够持续拥有核心的知识产权。同时，军工产品需要稳定的供应，并且需要企业持续不断地研发跟进，这也给企业的持续增长和不断突破创造了条件。常荣以军工产品为金字招牌，以三大领域为资本利器，相互促进，相辅相成，构建起企业的知识产权保护体系。

六、启　示

如今的时代瞬息万变，各种新技术、新产品层出不穷，创造力和创新力随处可见。这种相对公平的市场环境，给企业提供了一个很大的施展舞台，让它们能够充分发挥自己的智慧，放飞自己的梦想。与此同时，凭借极强的仿制能力，侵权事件屡禁不止，企业的知识产权保护也不得不提上日程。常荣从人力资源优势构建、创新投入持续增强、高校合作全力巩固等方面先行推进其知识产权战略。在维护三大主要领域的同时，还制定了知识产权保护的三步措施，一步一个脚印，把知识产权管理工作全面铺开，让企业的每一位员工都参与进来，从而提高了知识产权创造和保护的效率，并且取得了显著的效果。当技术具有唯一性的时候，企业才能获得巨大的发展空间。常荣对企业知识产权法律风险防控的规范管理，很好地维护了企业核心利益。

（一）全面构建知识产权体系

构建全面的知识产权体系，需要企业从上到下，从理念到行动，从设计到售后，从知识产权创造到保护运用等全方位注重知识产权工作的开展。常荣把知识产权工作融入公司经营的每一项流程中去：知识产权战略理念先行，确立战略发展方向和落实重点，突出知识产权创造优势领域，辅以全面知识产权管理体系；建立从技术研发、申请专利，到申请后的全过程知识产权保护机制，营造知识产权导向的企业文化等，无不渗透了常荣知识产权的体系性。常荣深知，产品诞生的每个环节都要与知识产权打交道，而且缺一不可。只有从全部流程整体把握知识产权体系，才能够为来之不易的知识产权保驾护航，引领企业不断取得辉煌的业绩。

（二）全员参与知识产权管理

企业要全面参与市场竞争并赢得主动，就必须加快自主创新。企业自主创新必须有浓厚的创新氛围。管理者要立足于企业发展，高起点地制定创新规划，营造有利于创新的企业文化，在企业内部培养竞争合作和创新意识，以促使员工加强学习与合作，鼓励员工积极参与研发。在常荣，知识产权不再是一个口号一个文件，而是已经深入到每个员工，与员工的切身利益息息相关。每个人都是专利的守护神，知识产权管理责任落实到了个人，工作效率自然也会有很大提升。经过实施契合知识型员工特性的激励政策，企业形成了良好的创新创造和知识产权管理氛围。此外，常荣的组织框架就是一个知识产权管理和保护的框架，几乎每一级领导，每一位员工，都会参与到知识产权的管理保护中去。这为知识产权工作的全面开展提供了组织保障。

（三）全力提升风险防范水平

常荣重视推进公司知识产权法律风险防控管理，维护企业核心利益。在当前知识竞争时代，专利信息已成为一种重要的竞争资源。专利信息一方面集中反映特定技术领域最新的科技发展动态；另一方面清楚地表达申请人、专利权人所掌握的技术程度、所要求的权利保护特征。常荣越来越重视专利的质量，并将核心的创新点进行严密保护。为了不被对手轻易利用，想方设法把专利包装完美，让专利漏洞率降到最低。在关注对手过期专利的同时，也会注重自身专利的更新升级，关注专利的期限，提前做好应对准备。同时，常荣着重通过技术合同审查、建立商业秘密保护体系，提升法律风险防范水平。商业秘密保护与专利保护两者相互配合，成为了公司知识产权保护的双驾马车，维护公司在日益严峻的市场竞争环境下的竞争利益，切实提升了知识产权管理水平。

〔参考文献〕

[1] 郭嘉琦.中小板上市公司创新投入、创新产出与企业绩效关系的研究 [D].山西大学硕士学位论文，2013.

[2] 何郁冰.产学研协同创新的理论模式 [J].科学学研究，2012（2）.

[3] 冯晓青.国家知识产权战略视野下我国企业知识产权战略实施研究 [J].湖南大学学报(社会科学版)，2010（1）.

[4] 赵亚静.我国中小企业知识产权建设政策体系研究 [D].东北师范大学博士学位论文，2012.

[5] 卓玉颖.浅析企业文化对企业发展推动作用的研究 [J].东方企业文化，2013（24）.

[6] 胡康萍.如何在企业内部建立有效的知识产权体系 [J].电子知识产权，2006（4）.

[7] 林曦.四川省工业企业增强自主创新能力策略研究 [D].四川师范大学硕士学位论文，2013.

[8] 南京常荣噪声控制环保工程有限公司官网 [EB/OL].http://www.cn-cr.com/.

Nanjing Changrong: Taking the Road of Innovation and Development on the Basis of Intellectual Property

Yang Qingxiong   Cheng Yang

(Nanjing Tech University College of Economics and Management, Nanjing 210009)

Abstract: Nanjing Changrong Environmental & Acoustics engineering Co. Ltd (for short: Nanjing Changrong), adheres to the concept of technology innovation and promotes the intellectual property strategy from three aspects including bringing consensus to the leadership, establishing the direction of intellectual property and clearing focus on intellectual property strategy. All these set the foundation of intellectual property rights for its big stride. Changrong still Insists on a full range of protection of intellectual property rights strategy before R & D, in the course of R & D, in the patent application, when it keeps the leadership in the industry in High intensity acoustic soot blowing system, Acoustic testing control system, super microporous series of sound-absorbing material of the three major areas. Changrong focus on core areas, pays attention to patent quality, lets every employee of the enterprise involve in the protection of intellectual property rights, so as to improve the efficiency of intellectual property protection, and achiev remarkable results. The effective implementation of intellectual property protection strategy, guarantees the full use of scientific and technological achievements, makes enterprises keep continuous creativity. Changrong's performance can be increased year by year, and Changrong Takes the road of innovation and development on the basis of intellectual property.

Key Words: Nanjing Changrong; Intellectual Property Strategy; Patent Quality; Intellectual Property Protection

新百药业：浴火重生后的美丽蜕变

杜 芸 段 珍

(南京工业大学经济与管理学院，南京 210009)

摘 要：南京新百药业有限公司前身为创建于1958年的南京生物化学制药厂，作为国家投建的重点制药企业，生化药厂经历了从建厂到成长、发展、鼎盛、衰退的全过程，从江苏地区药物领域的引领者到濒临倒闭的边缘，在生死存亡之际，是实行破产退出市场还是重组改制让企业重获新生？生化药厂领导层面临着艰难抉择。最后，通过改制重组，使其成为一家初具现代企业制度特征的民营企业；2001年，南京市首家上市企业、商业领域航母——南京新百股份有限公司入资生化药厂并对其进行并购重组，正式成立南京新百药业有限公司。2006年，南京新百药业有限公司成功收购金鹰医药科技开发有限公司。2011年，它成为三胞集团的全资子公司。至此，新百药业多元化的经营格局全面确立。借力上市公司的强大支持，衣钵老企业的优良传统，经过多年的艰苦创业、奋发勇进，坚持创新，打造和谐文化，现在的新百药业已发展成为集研发、生产、营销为一体的现代化、高科技制药企业。

关键词：新百药业；国企改制；知识产权；产学研合作

南京新百药业有限公司（以下简称"新百药业"）的前身——南京生物化学制药厂，是一家国有企业，也是国家的宝贵财富。同其他国企一样也曾有过辉煌的历史，作为全国最早一批重点投建的国有制药企业，南京生物化学制药厂多年来潜心致力于民族生化药品的开发、生产与经营，并以雄厚的技术力量和开阔的发展远见，成为南京、江苏地区生物制药这一全新领域的引领者。其人工牛黄、肝素钠、胰岛素、胰岛素注射液等产品多次获得国家金质、银质奖章和国家、部、省级优质产品荣誉称号。作为原研单位，南京生物化学制药厂自主研发了骨肽注射液和复方骨肽注射液，其中骨肽注射液在1978年第一届全国科技大会上荣获国家级重大贡献奖。但是，在改革开放、竞争日益激烈的市场经济环境下，企业产权、体制方面的问题越来越阻碍企业的发展，长期计划经济体制下积累的深层次结构性矛盾也充分暴露出来，企业陷入前所未有的困境。本应具有的动力机制、竞争机制、风险机制、淘汰机制和约束机制已不复存在，企业竞争力不断下降，最终濒临破产倒闭的边缘。然而，困难和挑战也蕴含着巨大的发展机遇。新百药业又是怎样从一个濒临破产的企业重新走向新生，怎样化"危"为"机"、浴火重生的呢？在激烈的市场竞争中，是什么让新百药业一直激流勇进，不断推陈出新和成长进步呢？让我们走进新百药业，探寻它的成长历程，揭开它的神秘面纱。

一、新百药业，风雨兼程路

（一）华丽转身，从国有到民营

由于医药行业内国有经济比重相对较高，因此国有医药企业体制改革、国有股减持是大势所趋。同时，为这些国有医药企业引进战略投资者，也是其重新恢复生机的战略抉择。

国企改制是国有企业改革环节中最复杂、最艰难的部分。不同的经济结构、不同的发展战略、不同的经济发展阶段、不同的产业背景、不同的资源环境，决定了改革没有简单的可复制的"一刀切"模式，同时改革必然牵扯到方方面面的利益调整，因此国企改革的社会风险很大。

1978年12月召开的中共十一届三中全会，吹响了中国经济体制改革的号角，也拉开了国有企业改革的序幕。1984年10月，中共十二届三中全会做出的《中共中央关于经济体制改革的决定》肯定了国有企业改革的重大现实意义，开启了以国有企业改革为中心环节的中国经济体制改革新航程。1993年中共十四届三中全会要求"进一步转换国有企业经营机制，建立适应市场经济要求的产权清晰、权责明确、政企分开、管理科学的现代企业制度"。从而确定了我国国有企业改革的基本目标和方向。1997年现代企业制度改革的试点才基本完成，中共"十五大"提出对国有大中型企业实行规范的公司制改革，国有企业开始按照《公司法》要求进行规范的公司制和股份制改革。但是，以制度创新为特征的新一轮国有企业改革涉及许多深层次的矛盾，改革的步履异常艰难。

在全国已经开始国企改革的浪潮下，此时的南京生物化学制药厂正处在濒临倒闭的边缘，领导层已经严重老化，企业资不抵债。穷则思变，也只有彻底改革才能让企业起死回生，于是南京生物化学制药厂开始了艰难的改革历程。而此时，沈飞刚被聘请担任公司总经理，没有历史经验可循，完全凭着年轻人的血气和初生牛犊不怕虎的精神投身该公司。在沈经理的带领下，公司进行了大刀阔斧的改革，经历了扩权让利与"两权分离"、建立现代企业制度，并实行了公司制股份制改革，初步构建了公司法人治理结构等。国有经济从企业全部退出，使得企业与政府的关系和经营机制发生了重大变化。政府财政不再为企业补充资本金和弥补企业的经营性亏损，企业成为独立的市场法人实体，市场经济优胜劣汰的机制开始发挥作用。这些改革措施使南京生物化学制药厂面貌发生了根本性的变化，制药厂从国有性质转变为民营企业。体制改革的同时也带来了巨大的人员变革。全厂166名员工只留80人，剩下不到一半，而且老领导几乎都离任。沈经理在接受我们采访时如此感慨："现在想想那个时候的改革还是觉得蛮可怕的，但正因为年轻，有股冲劲，所以敢作敢为。"这次改制无疑给新百药业注入了新鲜的血液和活力。

在全国范围内的国企改革中，许多企业因为布局定位不合理、比较优势变化、资源枯竭等因素，在向市场经济转轨的过程中难以为继而不得不破产关闭。在以沈总、朱总以及冯部长为核心的领导下，南京生物化学制药厂如此巨大的公司体制改革以及领导班子的变动迅速付诸实施并且顺利完成了。虽然改革初期，公司出现亏损现象，但是很快就以每年20%~30%的增长率保持稳健增长。不仅没有影响生产，而且生产很快赶上，这不能不说是新百药业的一次浴火重生。当然，这些改革仍存在一些问题，比如经营管理制度还不能适应市场经济要求，企业经营者的行政化管理色彩依然存在，尤其缺乏市场化退出通道；一些企业内部市场化选人用人和激励约束机制还没有真正形成；外部对企业的各种干预仍然存在。但不得不承认的是，通过国企改制，新百药业从濒临破产到重新焕发生机，进而步入了快速发展时期。

（二）并购重组，成立三百药业

中国医药产业的困境，一是表现在中国医药制造业的产业集中度一直处于较低的水平；二是表现在大型医药制造企业普遍存在规模不够大、技术研发优势不明显、竞争力不够强、缺乏科研开发能力和市场竞争力的问题；三是表现在小企业数量众多，行业资源比较分散，生产成本高，规模效益差，低水平过度竞争问题很严重。面对跨国制药公司的竞争压力，我国医药企业的当务之急是快速做大做强。

随着经济全球化和市场竞争的日益激烈，世界医药产业的发展呈现出超大规模的跨国并购和高新技术竞争白热化两大趋势。近几年来，跨国医药企业重组并购此起彼伏，连绵不断，资金集中、人才集中、技术集中、设备集中的状况越来越普遍。与国际医药行业发展趋势相呼应，我国医药行业的并购重组自20世纪90年代中期以来一直呈现加快增长的势头。行业重组是我国企业改革从放权让利、政策调整为主的阶段转向以企业制度调整为主的阶段之后提出的，是我国广大企业为适应市场环境变化的要求，更有效地实现企业制度创新，提高企业的资本运营效率，增强企业的市场竞争力，促进产业的优化升级而采取的一种市场行为。

南京生物化学制药厂改制完成之后，2001年，以创建一流生物药品基地为目标，南京市首家上市企业、商业领域航母——南京新街口百货股份有限公司（南京新百股份）、南京新百房地产开发有限公司等股东单位共同发起对南京生物化学制药厂的并购重组，改名为南京新天生物化学制药有限公司。2002年，其大部分股份转让给南京新百股份，成为南京新百股份的全资子公司，至此，南京新百药业有限公司正式成立。彻底的国有企业改革以及南京新百股份的控股，给原企业的发展注入生机和活力，也带来了新的发展机遇，公司自此进入快速发展的轨道。2002年，新百药业投巨资新建一座高规格、现代化的GMP厂房，单体建筑面积和规模堪称华东之冠。2006年，新百药业成功收购金鹰医药科技开发有限公司；2007年，创建新百医药有限公司。至此，新百药业综合化的经营格局全面确立。借力上市公司的强大支持，衣钵老企业的优良传统，经过多年的艰苦创业、奋发进取，现在的新百药业已发展成集研发、生产、营销为一体的现代化、高科技制药企业。南京新百药业有限公司目前发展情形良好，2009年实现营业收入5951.54万元，较2008年同期增长22.35%。2010年公司实现销售1.2亿元，实现利润近2000万元。

（三）借力三胞集团，飞速发展

由袁亚非先生1993年创立的三胞集团，是江苏最大的多元化民营企业之一。经过17年的发展，至2010年，其总资产已超过200亿元。三胞集团现拥有上市公司宏图高科、IT连锁企业宏图三胞以及宏图地产等独资、合资企业20余家，居2010年"中国企业500强"第174位、"中国民营企业500强"第12位。三胞集团是一家快速成长的优秀民营企业，曾成功重组了国有企业宏图高科，在重组国企方面有充分经验和良好表现。而且它提出对新百药业的收购价和条件不错，也有收购的实力和诚意，因此有能力完成这次重组。

2011年，由新百大股东、美籍华人王恒实际控制的南京新百投资控股集团有限公司、南京金鹰国际集团有限公司、南京华美联合营销管理有限公司，在5月30日与三胞集团签署《股份转让协议书》，分别向后者转让了它们持有的新百15.15%、0.71%和1.14%的股份。转让完成后，三胞集团、南京市国有资产经营（控股）公司以及王恒实际控制的两家公司，将分别持有新百17%、15.74%和12.98%的股份，三胞集团成为新百的第一大股东。三胞集团董事长袁亚非成为新百集团实际控制人。

而入主新百，无疑也给三胞集团带来了新的发展机遇。三胞集团在电子商务、信息化、现代物流方面的经验和优势有助于新百各方面的转型和成长。新百进入三胞集团这个大家庭，有助于企业在商业领域发挥整体协同效应，从而获得更大、更快的发展。新百药业的整个发展历程如图1所示。

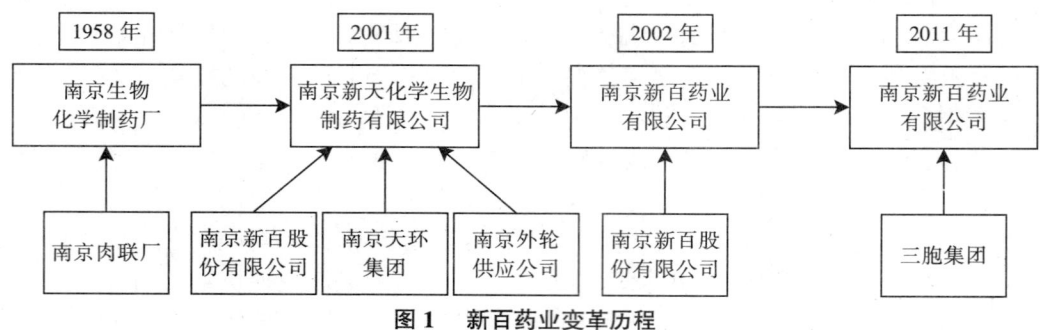

图1 新百药业变革历程

（四）立足新起点，开创新局面

正是新百药业在发展过程中的不断变革与调整，才有了今天的不断发展进步。未来的新百药业将继续坚持新百药业人义不容辞的职业使命与孜孜以求的事业理想——维护人类生命健康尊严，创建中国制药先锋企业，秉承"诚信严谨、求实创新"的企业精神，牢记"互惠互利、共创共赢"的职业准则，立足现在，放眼未来，新百药业一定能够应对困难。正如同过去50多年的风雨兼程、永不放弃，新百药业将不断创造新的未来，向着具有独立科技研发和市场营销能力的创新型集团化的企业奋勇前进。

二、独特的产品优势，成就优质产品

经过数十年的激流勇进与开拓经营，新百药业依托原南京生物化学制药厂的产品优势以及过硬的产品质量，在国内药品行业中已经构建起了自己稳固的业务模式和市场渠道，与全国600多家代理企业形成了良好的合作局面，营销网络已经覆盖了全国所有省份地区，确立并构建了互惠互利、双边多赢的多层次经济共同体和战略伙伴关系。

（一）立足市场需求，研发特色产品

为了充分利用企业有限资源，更好地为医院临床提供安全高效的治疗药物，新百药业自成立之初即确立了企业产品特色。作为药物制剂为主的生产型企业，新百药业根据市场需求，注重研发特色化学药品，保持生化药品的科技领先地位。

生化药品是指以生物化学方法为手段从生物材料中分离、纯化、精制而成的用来治疗、预防和诊断疾病的用品。它具有活性强、对热不稳定、易变性失效等特点。虽然产品都是归到生化药品管理范畴，但是与普通化学药品也有不同之处：第一，产品的原料来源不同，生化药品是从动物脏体里面提取，与化学药合成是不同的。第二，工艺相对来说比较复杂，要求比一般的化学药品更高。因此，新百药业的很多产品要用动物做生物活性检验。第三，产品质量要求高。国家对生化药品重点关注、严格把关，新百药业有几个品种还属于国家高风险品种，因此药品的生产质量管理方面也更为严格。生化药品的技术特殊性，使得生化药品一般不太容易被仿制，相比较之下，行业竞争对手少，并且每个企业的生化药品具有专一性，因此，新百药业的产品在生化药品行业基本处于垄断地位。

目前，公司旗下产品共44个种类70个规格，分属生化、生物、化学、中药等多个门类，

涉及骨科、糖尿病、血液、肝炎、妇科、肠道及免疫调节制剂等多个用药领域，主导产品包括复方骨肽注射液、骨肽注射液、骨肽片、胰岛素注射液、肝素钠注射液、凝血酶、注射用核糖核酸等20余种，治疗领域涵盖骨科用药、糖尿病用药、血液用药、肝炎用药、妇产科用药、肠道用药及免疫调节制剂等，产品结构完整、药品品质上乘、市场信誉优良，其中胰岛素注射液、缩宫素注射液、肝素钠注射液、垂体后叶注射液、注射用缩宫素、凝血酶冻干粉被列入国家医保产品目录。

新百药业一直专注生物制药领域优质国药的研制和推广，积极致力于生物制药技术的优化提升和生物制药产品的创新研发，才得以在激烈的医药市场竞争中不断发展成为集研发、生产、营销为一体的现代化、高科技制药企业。

（二）推行药品GMP认证，提升药品质量

质量是产品的生命，而药品是特殊商品，直接关系人民群众的身体健康和生命安全。新百药业不仅肩负着振兴民族医药工业的希望，而且还承担着为人们提供优质、安全、可靠药品的责任。更好地保证药品质量，保障民众的健康就显得尤为重要。因此要始终视质量为企业的生命线，把质量当作企业的头等大事来抓。新百药业始终坚持人民群众的健康高于一切的医药企业价值观，讲求社会道德和社会责任。在医药领域，实施药品GMP是提高药品质量安全的监管过程，也是促进我国药品生产企业走向国际市场的过程。新百药业通过实施药品GMP，不断提高产品质量，坚持社会效益和经济效益并重。

2002年，新百药业顺利地通过了首次GMP认证。通过实施药品GMP，新百药业的生产环境和生产条件发生了根本性转变，制药工业总体水平显著提高；也使得药品生产秩序规范，从生产源头上提高药品质量，有力地保证患者用药的安全有效。

经过一年多的精心准备，2013年11月30日新百药业迎来了注射剂国家GMP认证检查。三位国家GMP认证专家在相关人员陪同下，经过五天紧张而有序的检查，于12月4日正式宣布新百药业冻干粉针剂、小容量注射剂生产线通过GMP认证现场检查，并举行签字仪式。这次GMP认证，是新百药业自首次GMP认证以来经历的第5次认证。与往次认证不同的是，这次新版GMP标准门槛更高，新版GMP的实施，有利于促进我国医药产业结构调整和增强我国药品生产企业的国际竞争能力，加快我国医药产品进入国际市场。在实施药品GMP中对新百药业的"硬件"也提出了具体要求，如厂房环境、生产设备、仓储条件等，这是实施药品GMP关键的条件，因为它将直接影响药品生产的质量。此次GMP认证各方面要求更加具体严格，通过了新版GMP认证对新百药业来说，无论是硬件设施还是软件管理方面都将提升到一个新台阶。

此次新版GMP认证的通过，将是一个全新的起点，新百药业继续巩固GMP认证取得的成果，了解、学习、掌握现代质量管理方法和改进手段。不仅完善质量管理体系，还进一步探索和实践有效的质量改进方法，来保证体系运行的有效性。同时，以开展QC小组活动为抓手，紧紧围绕企业生产、经营、管理目标，持续开展质量改进活动，提高企业的质量管理工作、企业效率和效益以及品牌能级。新百药业将继续在提升质量管理水平的道路上不断前进，朝着更加快速、健康的方向发展。

（三）注重技术改造，提升经济效益

通过GMP认证无疑规范了药品生产的基本条件。然而，企业面对市场经济下的竞争环境，除了要不断开发新产品投入市场外，还需不断对现有品种进行优化工艺、提高产品质量、降低成本的改进。如果企业只是按GMP要求在规定条件下生产合格的产品，而不在现有质量水平的基础上，通过有效的手段和途径来提高实物质量水平和降低产品成本，那么企业的发展也将缺

乏动力。

为使企业质量管理体系长效运行和提高企业效率及效益，新百药业注重对药品生产过程、产品和质量管理体系进行持续改进，并采用一些有效质量管理方法，以确保产品质量得到持续改进。近年来，新百公司完成技术改造七项，通过技术改造，多项产品的生产效率和产品质量得到提高，如肝素钠原料药和复方骨肽制剂通过生产工艺优化，产品质量均超过国家标准要求，获得了更大的市场竞争力。同时，新百药业在已有的生化技术基础上，找到新的市场需求，通过改进药品的剂型，开拓更广的市场。

三、自主创新的三驾马车，支撑新百药业

创新是21世纪知识经济时代的灵魂，也是企业在激烈的市场竞争中立于不败之地的关键。自主创新能力是国家竞争力的核心，一个国家只有拥有强大的自主创新能力，才能在激烈的国际竞争中把握先机、赢得主动。对于企业而言，没有创新，企业便失去了发展动力，尤其是高新技术企业，不创新则是死路。

高昂的研发投入和巨大的药品研发风险使得众多中小型医药企业难以承担，而且生产工序复杂，研制时间长。通常，国外开发一种新药平均需要耗资25亿美元，从筛选到投入临床需要10年。高投入决定了医药行业的高风险，导致了医药企业经营业绩悬殊，且易波动。因此，要掌握先机，必须通过协同合作创新，充分整合要素资源。重组改制后的新百药业深刻明白这个道理，所以抓住各种机会进行创新，通过技术进步和技术创新来提升企业的核心竞争力，加快建立以企业为主体、市场为导向、产学研相结合的创新体系，以此作为提升自主创新能力、支撑企业发展的战略选择。

（一）大量科研经费投入，为自主创新提供保障

目前，由于我国大多数医药企业存在规模小、数量多、研发能力薄弱、总体效益低的特点，药企平均每年只拿出销售收入的2%用于研发投入，远远低于国外一些药品生产企业17%~18%的研发投入水平，这直接导致了目前我国药企研发能力的落后。

为了保证研发的顺利进行，新百药业一直十分重视科研经费的投入。近三年共投入研发经费1304万元，培养各岗位专业技术人员71名，其中高级职称8人，中级职称20人，硕士学历5人，现有研发人员31名，研发人员占职工总数的14.28%。同时公司积极引进国内外先进设备，改善科研设施，提高研发的硬件水平。公司于2002年投巨资新建一座高规格、现代化的GMP厂房，单体建筑面积和规模堪称华东之冠，分生产区、生产辅助区、物流中心、研发中心、质量检验中心、动物试验中心和行政区、生活区等。其中研发中心拥有3224平方米的独立研发实验楼，机制健全、功能齐备，内设信息中心、发酵研究室、生化研究室、化学合成室、理化室、微生物室、固体制剂室、冻干粉针制剂室等多个研发部门，拥有先进的科研仪器、中试实验设备以及功能齐全的中心化验室，具备一流的开发、研制的硬件条件。新百药业投入大量资金用于实验室建设，组建了专业性药物研发基地，应用现代制药先进技术，研制开发具有民族医药特色的新药产品。上述这些都为新百药业自主创新能力的提升提供了保障，也为公司开展产学研合作和建立创新平台奠定了良好的基础。

（二）加强产学研联合，促进科研成果转化

产学研联合是科技资源与产业资本相结合，加快科技向现实生产力转化，形成科技创新与经济社会发展紧密结合的有效途径。产学研结合是企业、高等院校、科研院所依托各自优势资

源，实现各种要素最佳组合，推动经济结构调整以及产业不断升级的重要手段。新百药业通过多种产学研联合模式，造就了独特的企业创新之路，提高了企业创新能力。

一是建立战略合作体制。新百药业充分整合各方面的创新力量和创新资源，积极与一些科研院所、高等院校建立长期、稳定的合作关系，形成协同创新战略联盟。在高等院校、科研院所设立专业研发机构，或通过联营、投资、参股、控股、兼并等方式实现与院校的联合。公司已获准成立"江苏省多肽类药物工程技术研究中心"、"江苏省研究生工作站"、"江苏省企业院士工作站"。新百药业通过与这些有创新能力的高校、研究所合作，重点加强多肽类及发酵类药物的研发，加大对骨科类、妇科类、免疫类等药物的研发，力争五年内有三个以上创新药物上市销售，同时逐步形成新药的梯度上市。同时重点加强现有成熟产品的工艺优化与质量标准提升，促进产品升级换代，提高产品市场竞争力，扩大产品销路。

二是发挥多方优势。持续深入开展校企合作，依托建立合作关系的南京工业大学、南京大学、中国药科大学在科技成果、人才、研发等方面的优势，明确科研攻关的重点和产业方向，在更高层次上实现资源共享。现阶段公司以巩固和丰富多肽类药物的品种和剂型为主线，持续开发骨肽系列、胸腺肽系列、脑苷肌肽系列、缩宫素系列新产品，并逐步建成规模化的多肽类药物的研发中心和生产基地。

三是创新合作模式。强化跨区域产学研合作，组织高校或科研院所设立跨区域产学研合作项目，重点推进企业与各类科研机构和高校进行创新合作，积极探索以企业为主导的多种产学研合作模式。产学研结合以自愿结合、互惠互利、共同发展为目标；以项目为纽带，促进产学研各方发挥各自优势；以委托研发、技术转让、产学研联合攻关等形式开展技术结合。具体包括：对新产品和新技术的研究开发、对行业共性技术进行联合攻关、利用新型生物制药手段开发新型生物药物、进行工程化和产业化等。

（三）完善产学研创新平台，增强科技创新实力

新百药业积极和政府、高校科研院所共同组建了开放性技术创新和成果转化平台——南京新百药业院士工作站；与南京工业大学联合共建"江苏省企业研究生工作站"、"江苏省多肽类药物工程技术研究中心"，充分利用高校或研究机构的技术和人才优势，弥补企业自身在研发水平上的缺陷。一方面，把平台建设成集企业和研发机构的核心与纽带；另一方面，加大资金投入力度，将技术劣势转化为科技优势，将科技优势转化为经济强势，不断增强企业科技自身造血能力，增强经济发展后劲。并且针对行业特点，提出关键技术和共性技术难题，组织联合攻关。

院士工作站的启动使新百药业如虎添翼，它整合了浙江工业大学和南京工业大学的技术优势和人才资源，建立了产学研联合创新的研发平台。企业院士工作站旨在以企业创新需求为导向，以企业研发机构为依托，以产学研合作项目为纽带，引导院士及其创新团队向企业集聚，为企业服务，攻克产业核心关键技术，促进科技成果产业化，培养企业创新人才队伍，为增强企业自主创新能力和市场竞争力提供有力支撑，使企业人才队伍的培养、企业自主创新能力和市场竞争力均得到提高，从而加快有关研究成果的应用转化步伐。企业院士工作站的成立，为院士到地方创新创业提供了新的平台，拓宽了企业与高端智力资源的对接渠道，为建立以企业为主体的技术创新体系打下了坚实的基础。

利用院士工作站这个平台，新百药业将提升开展基础和应用研究，提高关键技术和共性技术研究的科研攻关能力。通过与院士团队的深度对接，有利于新百药业瞄准行业高新技术前沿的关键科技问题，开展对多肽类系列新产品和新技术的研究开发，实现企业在多肽类药物领域的全国领军地位；开展对发酵工程系列新产品的深层次开发，如他克莫司、持久霉素等，率先

在国内应用新型的发酵与发酵耦合、发酵与分离耦合技术，大大缩短生产工艺流程，提高发酵产品的转化率，降低生产成本，增强我国在该领域的国际市场竞争力；对行业共性技术进行联合攻关，利用新型生物制药手段开发新型生物药物，进行工程化和产业化；培养一批高层次专业技术人才，有效加强企业自身人才队伍的培养，在生物医药产业领域形成比较优势的人才高地。同时借助院士工作站平台可为高校研究生培养工作能力，同时增强企业自主创新能力；利用院士工作站，攻克企业重大工艺技术难题，提高药品质量标准，提升药品的内在质量；公司通过引进院士团队的技术成果在企业进行转化和产业化、培育具有自主知识产权产品和自主品牌方面，大力提升了企业自主创新能力和产品技术水平。

（四）不负众望，产学研联合初显成果

新百药业通过积极的产学研联合，在科研方面获得了可喜的成果，企业先后获得"南京市高新技术企业"、"江苏省高新技术企业"荣誉称号；公司目前正在进行的研究项目有13项，开发的新产品有6项；获得国家发明专利授权9项（见表1）；正在申请的专利9项；在国内外重要杂志发表论文15篇；通过项目鉴定验收3项；实现科研成果技术转让3项。注射用三磷酸腺苷辅酶胰岛素获批为"南京市高新技术产品"，注射用加替沙星、注射用复方骨肽、注射用缩宫素、复方骨肽注射液、蜡样芽孢杆菌片、骨肽片、猪去氧胆酸、肝素钠获批为"江苏省高新技术产品"；商标"谷合"获批为"南京市著名商标"；商标"熊猫"获批为"江苏省著名商标"。

表1 新百药业的发明专利

专利名称	专利号	授权时间
一种蜡样芽孢杆菌及其多阶段发酵方法	ZL201010579133.0	2012-08-15
一种猪硫酸软骨素的提取工艺	ZL201110098394.5	2012-07-25
一种生物发酵提纯他克莫司的方法	ZL200910029010.7	2011-08-31
一种安来霉素产生菌及利用大孔树脂提取的方法	ZL200910032340.1	2011-08-31
蜡样芽孢杆菌Bacillus cereusCMCC63305在农业领域的应用	ZL200910028320.7	2011-05-18
发酵法生产多肽类抗生素安来霉素的方法	ZL200810024429.9	2011-05-11
一种链霉菌及其在多阶段发酵生产他克莫司方法中的应用	ZL200810234807.6	2010-09-08
复方骨肽制剂	ZL200710151794.1	2010-10-27
一种应用于生物催化转化的组合固定化方法	ZL200611097461.0	2010-04-21

四、知识产权管理，助力新百药业

21世纪是知识产权竞争的时代。知识产权已经成为国家战略的重要组成部分，同时知识产权战略也是世界各国抢占技术制高点、全面控制市场、加快振兴本国经济的一个根本性战略。若要成为世界大国，必须成为知识产权强国。

温家宝同志在山东视察时曾明确指出："世界未来的竞争就是知识产权的竞争，集中表现在一流的技术、一流的产品。"企业要在激烈的市场竞争中处于不败之地，一方面要打造以优质产品为载体的过硬品牌；另一方面要充分利用创造与创新的能量，实现企业竞争力的提升。

（一）巧借专利技术，守护智力成果

知识产权是企业重要的无形资产。在知识经济时代，知识产权管理不仅与知识产权创造、保护和运用一起构成了我国知识产权制度及其运作的主要内容，而且贯穿于知识产权创造、保护和运用的各个环节中。

对于医药企业，专利是最重要的知识产权。缺乏资金和人才实力的企业，可以通过寻找可用的到期专利或通过检索专利的技术内容、申请日或优先权日、有效期等法律属性，确定专利的法律状态和真正的使用价值，从而免费应用非专利技术或少花钱引进专利技术。那么，专利文献是技术创新的重要基础，其资源集科技、法律和经济情报于一体。既有资金又有人才进行产品和技术开发的企业，则可充分利用专利文献这一重要的官方出版物，这样既可避免走重复研究的弯路，了解和把握同领域技术发展趋势及市场动向，也可避免侵犯他人的合法权益，防止研发经费的无端损失。

企业为了提高市场竞争力，需要不断地研究开发新技术、新产品，但企业即使先于其他企业开发出新技术、新产品，如果没有及时申请专利并取得专利保护，所获得的市场和竞争优势也只是暂时的。因此，企业在技术创新活动中，对所取得的重要发明创新，应及时申请专利保护，并采取全方位的保护，如开发的新药，除申请发明专利外，同时还可申请包装的外观设计专利等。新百药业在知识产权的数量和质量方面都是行业的佼佼者，公司目前拥有商标25个，拥有国家发明专利5项，正在申请国家发明专利3项。

（二）注重知识产权管理，实行专利战略

企业知识产权管理是一个系统工程，是建立现代企业管理体系不可或缺的重要内容，也是正确实施企业知识产权战略的组织保证。企业知识产权战略则是落实国家知识产权战略的基础和核心，实施以知识产权创造、运用、保护与管理为内容的企业知识产权战略是增强我国自主创新能力，建设创新型国家的迫切需要。企业知识产权制度及其战略实施与自主创新能力提高之间具有密切联系。

新百药业在积极进行新药研制和开发的同时，高度重视知识产权的管理。公司积极适应国际形势，构建知识产权战略框架，配备知识产权管理员，聘请知识产权法律顾问，制定知识产权保护与实施计划，一方面定期对员工进行培训，及时保护技术秘密；另一方面定期审查适合专利保护的创新发明，申请专利。迄今为止，公司是江苏省贯标企业，已经建立了比较完善的企业知识产权管理体系（如图2所示）。

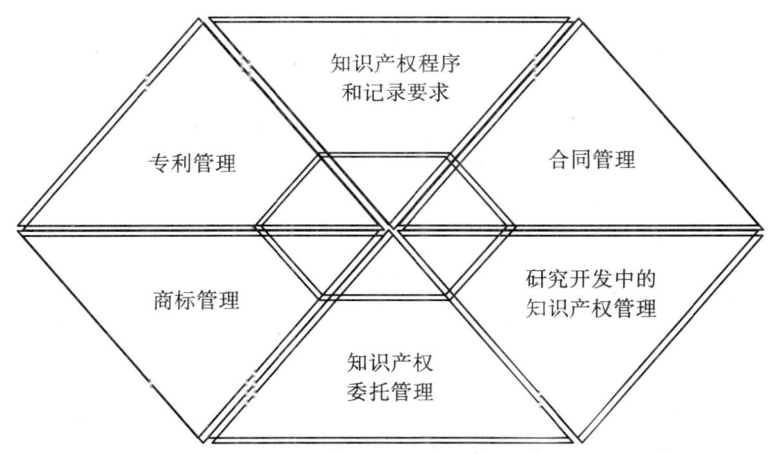

图2 新百药业知识产权管理体系

（三）依托政府大力扶持，开拓研发渠道

企业的发展和成长离不开所处的环境。政府对知识产权的重视和政策扶持为新百药业知识产权管理能力的提高提供了持续动力。江苏省政府为了推动企业知识产权管理，引导和鼓励企

业积极开展知识产权管理标准化示范创建，积极推出新政策以及法规，例如近年的《企业知识产权管理规范》（以下简称《规范》）的贯彻执行，提升了知识产权综合管理能力。

江苏省政府充分运用政策手段，引导全社会重视企业技术创新工作。省政府按照经济发展和科技进步的新要求，积极主动地为企业提供政策和信息服务。应用现代信息手段，定期发布产业政策、技术创新指南。充分调动产学研各方面的创新活力。每年安排专项资金，重点用于推动企业技术中心建设、创新能力项目建设、产学研联合以及创新成果转化等。

加强重点企业创新能力建设。江苏省每年选拔30家左右省级优秀企业技术中心，优先享受政府专项资金。定期公布企业创新项目投资指南，吸引研究单位、外资、金融机构、民间资本等参与企业技术创新建设。通过实施企业技术中心创新能力建设专项，引导和鼓励企业加大技术创新投入，促进省认定企业技术中心的能力建设和提高，加强产学研联合，促进科研成果转化。重点支持企业与中国科学院、中国工程院及其他科研院所、高等院校建立长期、稳定的合作机制。鼓励有条件的高等院校、科研院所以不同形式进入企业，成为企业的研发机构。鼓励企业在高等院校、科研院所设立专业研发机构，或通过联营、投资、参股、控股、兼并等方式实现与院校的联合。每年扶持一批产学研合作项目，并促进其成果转化。

推动行业或区域技术创新服务平台建设。加大对应用技术研究的支持力度，真正形成有核心竞争力的支柱产业。鼓励建立以咨询、检测、培训和研究开发等各种形式的行业或区域技术中心，为广大中小企业提供专业化的服务。发挥集成优势，鼓励中心跟踪和参与国家在科技和产业领域的重大攻关项目，使其成为承担国家和省重大技术创新项目的主体。鼓励大企业技术中心拓展为行业服务的职能，并积极引导其向行业技术中心发展。

推进技术标准和知识产权战略。引导企业将有利于本地区发展的技术法规、技术标准及检测方法纳入国家和国际标准，掌握技术和经济竞争的主动权。从专利、技术标准等角度出发，支持一批在战略或关键领域拥有自主知识产权的核心技术。鼓励有条件的企业把自主研发形成的专利技术，实施对外专利许可或专利权转让，使专利技术产业化。鼓励企业采用国际标准，对参与国际标准制定和发起制定国家或行业标准的企业，予以重点支持。与有关部门协调一致，形成合力，推动专利、名牌产品、驰名商标等建设。这些政策的实施对于推动新百药业知识产权管理的发展起着重要作用。

五、企业文化，打造核心软实力

企业文化是企业经营活动中的三军统帅、是行动的指南针，在企业经营活动中具有无法替代的核心作用。企业文化就是企业的精神，它是一种不灭的灵魂，依靠这种精神，优秀的企业将全体员工紧紧凝聚在一起，从而发挥最大最强的战斗力。创新力来自凝聚力，新百药业取得的业绩离不开宽容、和谐的文化氛围，离不开团结奋进、凝心聚力的环境。文化是企业科技创新的活力源泉。只有在企业内部形成一种人企合一的归宿感、荣誉感，培育一种永不满足、勇于创新的精神，构建起充分包容、相互理解、善于沟通的氛围，企业的凝聚力才能不断增强，创造力才能不断涌现，科技创新的道路才能越走越坚实、越走越宽广。

（一）树立良好企业形象，展示闪亮营销名片

企业形象是企业文化的战略系统组成部分，而医药产品与人类生命健康密切相关，如果企业形象不佳，对医药企业的打击可能是致命的。成功的医药企业无不重视企业形象的塑造和推广，无不具有良好的企业品牌形象。

新百药业十分注重企业形象的树立与推广，重视企业文化的建设和发展。十年来，公司秉

承"更高、更新、更远"的经营理念，革新思路、锐意进取，对内完善制度优化管理，对外建设品牌开拓市场，向着打造国内一流医药企业的远大目标努力迈进。企业先后获得"南京市平安企业"、首批"江苏省医药行业诚信企业"、"南京市重合同守信用企业"等荣誉称号。

在南方雪灾、汶川地震中，新百药业职工捐款捐物，积极参与社会救助，表现了一个民族企业与国家和人民患难与共的社会责任和历史担当，更体现了新百药业优秀的人文情怀和悠久的精神积淀。为维护人类生命健康尊严，创建民族制药先锋企业，公司以创建集团化企业为目标，力争将新百药业建设成一个集研发、生产、销售为一体的专业从事药品及保健品生产经营的大型医药集团公司，跻身江苏省乃至全国医药行业的前列。怀揣远大理想，凝聚更多力量，厚积而薄发，致远而笃行，新百药业铿锵疾步，飒踏如星，为实现企业从优秀走向卓越、为推进民族制药产业新的腾飞而努力奋进。

（二）坚持以人为本，实现员工与企业共赢

医药企业不同于其他企业，它生产的产品与人的生命健康息息相关，关系着人的生死存亡，关系到千家万户的悲欢离合，因此，医药职业道德为全社会所关注。

企业的成功源于每一位员工的付出。有着国企背景的新百药业，一直以来非常重视和谐企业文化的建设，积极营造相互信任、团结融洽的公司文化，以切实培养员工的合作精神，增强对单位的归属感。沈经理在我们的采访中也谈道：我们的产品涉及生产激素，属于高风险品种，从实验到临床，都关乎生命安全。但是这么多年来公司没有发生一起严重药品安全事件，在这里，公司应该是非常感谢我们的员工。可以毫不夸张地说，生产过程中产品出现万分之一的不合格率到消费者手上就是百分之百的不合格，后果将非常严重。所以公司非常注重营造和谐的环境氛围，建立员工与企业之间的心理契约，构建企业与员工间相互信任的期望；通过企业对员工的承诺来促成员工对企业的忠诚和奉献，让员工在服务企业和服务社会中获得公平的回报，实现员工个体价值与企业价值、社会价值的统一。而且，经常开展丰富多彩的文化娱乐活动，丰富员工的业余生活，满足广大员工学习求知、文化娱乐的需要，定期组织员工参加拓展训练。例如每年的春节联欢晚会、参观南京博物院、羽毛球比赛、一年一度的龙舟赛等。这些活动增强了青年员工的凝聚力，弘扬了新百药业的企业文化，为公司持续健康发展奠定了坚实的基础，也推动着新百药业各项工作朝着更好、更健康的方向发展。

（三）突破人才"瓶颈"，打造一流创新团队

当今世界，人才是第一资源。谁拥有了创新型经济领军人才，谁就能抢占发展的制高点。在新百药业，人才已经被提升到公司发展战略的高度。长期以来，企业始终坚持以人为本，将人才战略融于企业发展的方方面面，打造一流的人才团队。

一是大力加强医药企业知识产权人才队伍的培养与建设。医药人才范围涵盖市场情报信息、医药学科研、临床实验、专利代理人、律师等各方面。目前，新百药业已经形成了一支产学研一体化的有战斗力的科研团队。新百药业自成立以来，坚持"以人为本"的企业发展战略，重视高科技人才的引进与培养，并十分关注人才自我价值的实现。通过从国内科研院所、企事业单位引进高素质科技人才充实企业科技队伍，聚集了一大批中、高级专业人才，拥有一支团队协作精神很强的员工队伍，组建了专业化高新药物研究基地。研发中心拥有一支知识结构全面、理论知识扎实、实践经验丰富、学术思想活跃的科研团队，团队成员包括各类高级技术人员39人，主要从事生化药物、化学药物及微生物和天然药物等的研究开发。

二是在加强高层次人才引进和培养的同时，新百药业十分注重职工队伍建设。由于医药行业专业性很强，对创新的要求高，而且相关的法律法规也在不断更新，这就要求医药企业要不

断地对员工进行各种内部培训和外派培训，包括法律法规培训、专业知识培训、操作技能培训等。新百药业将员工的长远发展和企业的长久兴盛联系在一起，从员工入职起，就倡导一种与企业同命运、共呼吸的企业文化，让"我与企业同成长"成为融合在员工血液中的精神动力。他们通过培训和岗位锻炼，在生产一线中发现和挑选人才，加强技术工人队伍建设。例如，近年来，公司每年派遣员工参加国内外学术会议，邀请专家来公司讲学；医药生产部门要进行严格的GMP培训，针对某个岗位的员工还要进行相应岗位职责和技能的培训，并通过考试来加强培训效果。而且，新百药业建立了一套科学、系统的培训体系，确保培训内容的完整性、时间的连续性以及操作方法的科学性。毫无疑问，培训也是提高员工素质、避免人才流失、实现企业和人才"共赢"的一项有效措施。

六、启　示

（一）变革是公司成长的动力

未来十年将是中国医药产业的"黄金十年"，医药产业将主要出现兼并重组、强强联合的趋势，行业集中度将不断提高，专业化、细分化趋势也将越发明显，拥有自主研发能力和创新度高的企业将逐渐成为主流。在新百药业曲折的发展历程中，正是几次重大变革促进公司的发展和壮大。同时，实施并购重组作为我国医药企业提高竞争力的有效途径，将进一步推动医药行业内部的收购、兼并等资产重组活动，鼓励优势企业之间强强联手。充分利用彼此的产品优势、营销网络、研发力量，降低运营成本，扩大经营规模，壮大竞争实力将是大势所趋。

（二）质量是企业的生命

一个企业想要做强，如果不在自己的产品上面下功夫，一味追求广告宣传或者其他东西等，是不可能有长远发展的。新百药业始终在产品上精益求精，为此，重金打造专业而庞大的研发队伍，保证新百药业的产品在同行中始终处于领先地位，产品的高竞争力直接有效地推动了公司的发展。

众所周知，质量是企业发展之本，是品牌建设的基础，是提高经济效益的前提。新百也一直坚持"关心大众、健康民生"的企业宗旨，本着对人民生命安全、对企业发展高度负责的精神，高度重视生产安全及产品质量，切实加强药品生产与质量管理工作，严格制定内控指标和规范操作规程，加强对药品研制、生产、经营和使用全过程的监督管理，切实认识到质量保证是企业对消费者的最大诚信，是公司加强诚信品牌建设的根本环节，以让消费者和政府监管部门放心的优质药品赢得市场、赢得消费者的信赖。同时，新百药业积极进行创新药物的研究与开发，结合国家对生物医药行业发展的指导原则，对于公司主要的盈利产品，重点做好产品的工艺优化与标准提高，进一步提高产品的质量及安全性。

（三）自主创新是企业在竞争中不败的保证

研发和创新是国际公认的医药企业成长的主要驱动力。我国制药企业只有走自主开发与技术创新之路，建立以企业为主体的技术创新体系，才能走出一条"发扬优势，仿创结合"的发展道路来。

新百药业借助"一站两中心"这三个科技平台，充分发挥产学研合作优势，获得最新的技术资源和雄厚的人才资源，这为科技创新提供了基础保障。新百药业还制定出具有企业自身特色的科技创新战略，围绕战略目标制定具体的长、中、短期工作计划，及时评估成效，确保工作始终不偏不倚；确保科研经费不折不扣地投入；重视知识产权，保护企业科技成果。

未来，新百药业研发中心将坚持"立足科技、持续创新、追求卓越、永不懈怠"的新百作风，利用产学研联合平台，凝聚更多力量和资源，为患者研制和提供更有效的药物，为企业发展提供持续的后劲，为将新百药业建设成为国内生化和生物药物领域的领军企业而不懈努力。

（四）建立系统的知识产权管理体系

一个没有创新的企业是没有竞争力和生命力的，未来的市场竞争是围绕知识产权而掀起的激烈竞争。谁拥有核心技术的自主知识产权，谁就可以掌握市场竞争的主动权。知识产权从未像今天这样直接影响着企业的核心竞争力，决定着企业的命运与未来。

新百药业的知识产权战略是公司战略的一个重要组成部分，是创新战略的基础和保障。在新百药业，知识产权贯穿于技术创新的全过程，永不停止的自主创新和拥有自主知识产权，是新百药业竞争力的主要源头。新百药业不用价格战去瓜分有限的"蛋糕"，而是通过技术创新创造新的"蛋糕"，并通过知识产权保护独享这块"蛋糕"。

（五）以人为本的企业文化

医药行业是为人类健康服务的行业，每位员工都要以人类健康为己任，对自己高标准严要求。新百药业注重树立"以人为本"的思想，首先企业充分地理解员工，了解员工的心理，充分调动员工的积极性，让员工认识到自己是企业的主人、企业的兴衰成败与自己息息相关，让员工在企业中充分发挥他们的主人翁意识。只有在得到尊重的条件下，员工才能关注他人健康，才能树立积极的工作价值观，才能真正感到工作的乐趣，才能与企业同心同德，全心全意做好本职工作。另外，新百药业作为高新技术企业，其核心竞争力越来越表现在对作为第一资本的人才的培育、拥有和运用能力上。人才是推动新百药业健康发展的力量源泉，也正是因为拥有充足的人才，企业才能实现跨越式的发展。新百药业不仅重视人才的招聘，还努力避免人才流失，企业树立"以人为本"的理念，满足人才归属和尊重的需要，增强企业人才的向心力、凝聚力。

〔参考文献〕

[1] 王跃兴. 我国医药行业重组的动因、特征和趋势 [J]. 经济理论与经济管理, 2004 (2).

[2] 程艳霞, 方勇, 李秉桥. 加入 WTO 与我国医药企业发展对策研究 [J]. 武汉理工大学学报, 2002, 15 (2).

[3] 贺慧惠. 我国医药制造企业并购的发展历程、特点和影响因素研究 [J]. 大江周刊: 论坛, 2011 (10).

[4] 王仲惠. GMP 与企业的持续质量改进 [J]. 中国药业, 2004, 13 (12).

[5] 杜锦. 打造优秀的医药企业文化 [J]. 人力资源管理, 2013 (11).

[6] 徐镜人. 搞好质量管理是企业快速健康发展的基础 [J]. 中国药业, 2003, 12 (6).

[7] 袁丹凤, 陈烈春. 华森制药——科技创新为企业插上腾飞的翅膀 [J]. 中国药房, 2007, 18 (18).

[8] 崔斌. 坚定不移地实施药品 GMP 认证制度 [J]. 中国医药导刊, 2002, 4 (1).

[9] 陈大勇. 论我国医药行业企业文化建设 [D]. 哈尔滨工程大学硕士学位论文, 2006.

[10] 倪飞. 企业主导的医药产业技术创新体系的构建 [J]. 南京中医药大学学报, 2013, 14 (3).

[11] 佘潮福. 如何建立中医药企业知识产权管理体系 [J]. 医药世界, 2006 (4).

[12] 韦富章. 始终把产品质量安全作为企业头等大事——访北京双鹤药业股份有限公司董事长卫华诚 [J]. 临床药物治疗杂志, 2007, 5 (5).

[13] 周志彬. 知识产权——我国医药企业面临的重要而紧迫的课题 [J]. 药学进展, 2005, 29 (7).

XinBai Pharmaceutical Company: Beautiful Transformation After The Ashes

Du Yun Duan Zhen

(Nanjing Tech University College of Economics and Management, Nanjing 210009)

Abstract: Nanjing Xin Bai Pharmaceutical Co., Ltd.was founded in 1958, also named Nanjing biochemical pharmaceutical factory. As the focus of national investment and construction of pharmaceutical enterprise, biochemical pharmaceutical factory has experienced from the factory's whole growth process: development, prosperity and recession, from the leader of medical fields in Jiangsu to the edge of collapse. In this vital occasion, it declared the bankruptcy or restructured the enterprise to rebirth? Their leadersare facing tough choices. Finally, through restructuring and reorganization, it became a large modern enterprise with the characteristics of private enterprises. In 2001, the first listing company in Nanjing, the business aircraft carrier—Nanjing XinBai Co., Ltd reorganized the Biochemical Pharmaceutical factory by Share Lt merge, then formally established the Nanjing XinBai pharmaceutical Co., ltd..In 2006, it successfullypurchase JinYing Pharmaceutical Technology development Co., Ltd.. Then Xin Bai Pharmaceuticals was founded in 2007. In 2011, it became a wholly owned subsidiary of Sanpower Group. So far, Xin Bai Pharmaceutical diversified business structure has established. Relying on the strong support force of the listing Corporation and the fine tradition of old enterprises, after years of hardworking, now the new company has developed into a set of R&D, production, marketing as one of the modern, high-tech pharmaceutical enterprise.

Key Words: Xin Bai Pharmaceutical Company; The Restructuring of State-owned Enterprises; Intellectual Property Rights; The Industry-University-Research Cooperation

我国电子信息产业专利联盟对自主创新的影响研究

翟立琪

(南京工业大学经济与管理学院,南京 210009)

摘　要:与国外电子信息产业的专利联盟相比,我国专利联盟起步较晚,且多数是受外国专利联盟打压后的产物。近年来,我国电子信息产业积极构建专利联盟,以期利用专利战略促进企业自主创新,保持技术领先。但是专利联盟是否能促进企业自主创新? 这种结果在国内外是否一致? 本文分别以国内 AVS 及国外 DVD3C 专利联盟及其部分组成成员为例展开研究,以联盟成立前后的专利获取数、销售收入和研发(R&D)为评价指标,分析差异性来判断联盟成立前后的创新趋势是否改变;并且寻求结果产生的原因,提出相关的政策和建议,为企业更好地建立创新机制提供帮助。

关键词:专利联盟;自主创新;电子信息产业;创新机制

为应对日益激烈的竞争,提高自身的国际竞争力,发达国家不断利用专利和标准化战略来保持其技术领先优势。我国企业也积极推进实施专利战略,构建专利联盟,《国家知识产权"十二五"规划》就提出支持重点行业、重点技术领域组建产学研联盟,以技术创新、知识产权合作、标准制定等为纽带,推进知识产权创造与产业化应用。AVS 专利联盟是众多专利联盟中成立较早且成效明显的联盟之一,作为 AVS 专利联盟最初的组成成员,华为技术有限公司和中兴通讯都保持着较强的创新能力,这与企业加入 AVS 专利联盟以及企业自身的自主创新意识都息息相关。然而,20 世纪 90 年代在国外成立的 DVD3C 专利联盟的联盟成员飞利浦公司的自主创新却是另一番景象。

一、AVS 专利联盟

(一) AVS 专利联盟成立背景

数字音视频产业是我国电子信息产业的三大组成部分之一,海量数据的编码压缩是其核心技术,也是实现信息传输、存储、播放等环节的前提。先前,国际上音视频编解码主要采用的标准是 MPEG-2 标准,此标准由 MPEG (Moving Pictures Experts Group) 制定,汇聚了大量的专利技术。包括哥伦比亚大学、富士通、朗讯科技、松下等专利权人就此组建了 MPEG-2 专利联盟并委托专利技术管理公司 (MPEG-LA) 负责技术专利的许可及其收费。

DVD 采用了该标准,同时也应用了相关技术,故 DVD3C 专利联盟 (组成成员包括飞利浦、索尼、先锋) 与 DVD6C 专利联盟 (组成成员包括松下、三菱、日立、时代华纳、东芝、胜利)

都向我国收取专利使用费,利用各种强硬手段迫使我国企业签缴纳专利费协议。高额的成本使得我国的自主品牌为 DVD6C 和 DVD3C 的联盟成员企业代工,此事件在打击我国 DVD 产业发展的同时也为我国包括数字音视频的电子信息产业敲响了警钟。

(二)AVS 专利联盟组建及发展过程

AVS(Audio Video coding Standard,音视频编码标准)是《信息技术先进音视频编码》系列标准的简称,是我国具备自主知识产权的第二代信源编码标准,也是数字音视频产业的共性基础标准。

2002 年信息产业部科技司批准 AVS 成立。2003 年 7 月,国家广电总局计量检测中心与 AVS 系统进行检测,发现在平均压缩码率是 MPEG-2 编解码系统码率一半的情况下,图片质量好于 MPEG-2 编码图像质量。2006 年 2 月 22 日被确认为国家标准,3 月 1 日开始实施。2005 年 5 月 25 日,TCL 集团股份有限公司、创维集团研究院、华为技术有限公司、中兴通讯股份有限公司、海信集团有限公司等 12 家企业(单位),在北京自愿联合发起成立 AVS 产业联盟,为中国音视频产业的发展注入强劲动力。2007 年 5 月 AVS 专利联盟所依赖的标准入选国际电信网络电视候选标准。表 1 为 AVS 视频标准技术专利构成情况,涉及专利 67 项,主要专利出自国内企业、大学和研究机构。

表 1 AVS 视频标准技术专利构成情况

专利权人	专利数(项)	涉及技术内容
中国科学院计算技术研究所	24	双向预测、运动估计、子像素、变换、熵编码、环路滤波
清华大学	6	隔行扫描、视频结构
浙江大学	12	运动估计、子像素、变换、熵编码
华中科技大学	5	环路滤波
北京工业大学	6	环路滤波、帧内插值
华为技术有限公司	4	帧内编码
上广电集团	3	起始码
国外企业	7	帧内编码、子像素插值、环路滤波、隔行扫描
合计	67	

目前 AVS 专利联盟已成规模,从芯片到运营,都有知名企业参与发展,图 1 为 AVS 专利联盟 2002~2007 年的成员数量情况。

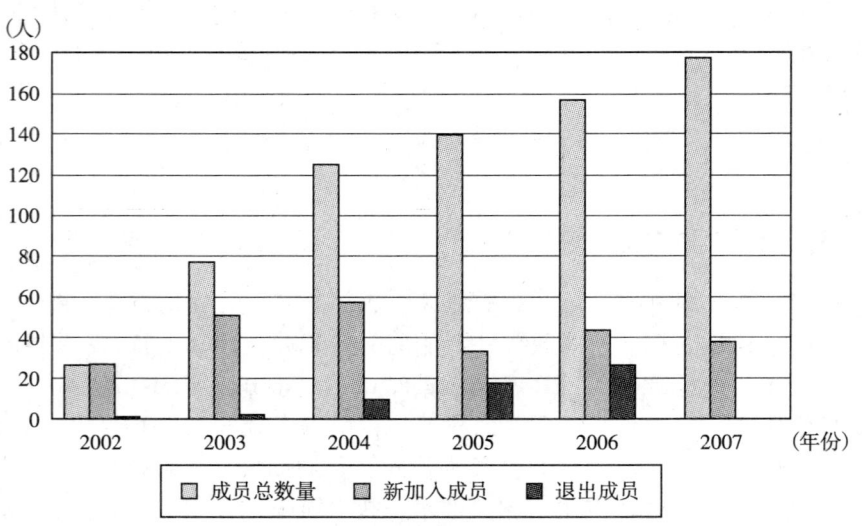

图 1 AVS 专利联盟 2002~2007 年的成员数量情况

截至目前，标准成员已达到 200 多家，理事成员 28 家。涵盖 AVS 产业链的上、下游，包括编解码芯片、编码器、转码器和数字电视接收机、机顶盒等各种接收终端。联盟成员既包括北京大学、清华大学、中国科学院计算技术研究所等国内一流高校和科研院所，也包括华为、中兴、海信、海尔、长虹、创维等排名世界前列的通信和消费电子类企业，还包括海内外先进的芯片研发企业，如华为海思、美国博通（Broadcom）、中国台湾晨星（Mstar）、联发科（MTK）等，为 AVS 产业链的产学研协同创新提供了优秀平台。

二、AVS 专利联盟对华为自主创新的影响研究

（一）联盟企业——华为技术有限公司

华为技术有限公司（以下简称"华为"）成立于 1988 年，是一家注册资金仅 2 万元的高科技民营企业。经过 20 多年的努力奋斗，现已发展成资产数百亿元、具有高科技含量的世界级企业，是全球第二大通信供应商，也是全球领先的信息与通信解决方案供应商。2005 年，作为 AVS 专利联盟发起成员，华为提供了多个专利。华为产品主要涉及通信网络中的交换网络、传输网络、无线及有限固定接入网络和数据通信网络等，几乎覆盖了国内电信设备的主要领域，在国际市场上也有一席之地。

只有凭借自主创新，才能进入全球领先企业，作为电子信息产业的领头企业，华为在自主创新的道路上始终坚持以下三点：

首先是正确的自主创新策略。华为贯彻的是"为客户服务是其存在的唯一理由，客户需求是其发展原动力"的理念，依靠市场需求驱动技术创新。在依靠市场的同时华为还正确选择了主攻方向，分层次分析比较合适企业发展的路径。

其次是重视研发。华为在自主独立的基础上坚持正确的自主创新道路，加大研发投入，掌握核心技术和知识产权，凭借优质的产品屹立于世界之林。同时华为十分重视建设全球化的研发体系，在德国、瑞典、美国等地设立 16 个研究所，组建实验室促进企业创新和技术研发。

最后是多元的合作战略。自主创新离不开全球创新资源的充分利用，因为自主创新不是闭门造车，只有通过不断地继承和利用他人取得的创新成果进行思考研究，相互借鉴、相互学习，才能在较高的平台上不断地前进。而华为在其创新的过程中，一方面充分利用一切创新资源，另一方面在国内广泛开展产学研合作，充分利用研究所及高校，促进实验室结果产业化。此外，华为还在国外建设多个研发中心，充分利用发达国家的科技和人力资源等优势。

（二）AVS 专利联盟对华为自主创新的影响

1. 加入专利联盟对华为专利申请的影响

华为在专利申请方面一直是国内企业的"领头羊"，据世界知识产权组织（WIPO）报道，华为 2007 年一年 PCT 国际专利申请数就达到 1365 件，居全球第四位。2008 年 PCT（Patent Cooperation Treaty，专利合作条约）的国际专利申请数排名中国公司榜首，2010 年共递交 1737 件申请，是全球递交申请最多的公司。截至 2012 年 12 月 31 日，华为累计申请中国专利 41948 件，申请外国专利 14494 件，申请国际 PCT 专利 12453 件，成绩骄人，的确是国内企业专利申请的"领头羊"。

通过上海知识产权（专利信息）公共服务平台获取该公司专利数。上海知识产权信息平台是知识产权服务平台的重要组成部分，是推动企业科技创新，实现知识产权高效优质服务的重点工程。该信息平台是以高质量的专利信息资源建设为基础，融入国内外现有专利信息服务系

统的优点，充分利用现有信息技术和领域专家知识所打造的强大的专利检索系统，受到大量企、事业单位和科研工作者的高度认同。

专利数获取以 1998~1999 年为例，时间选择联盟成立时间 1998 年 5 月 25 日，因此输入 19980525 至 19990525，发明人/专利权人输入华为技术有限公司，进行检索，鉴于 AVS 专利联盟和华为自身企业产品涉及的范围大多集中于数字音频等通信产业，故 IPC 采用物理 G 部和电学 H 部的专利申请数据，然后点击 IPC 进行二次检索，分别得出 G 部和 H 部专利数量，由此所得数据如表 2 和表 3 所示。

表 2　华为加入联盟前获取专利数

项目 \ 年份	华为技术有限公司						
	1998~1999	1999~2000	2000~2001	2001~2002	2002~2003	2003~2004	2004~2005
专利总数（件）	49	65	121	193	644	1222	2116
G 部专利（物理）	4	3	9	13	62	105	209
H 部专利（电学）	25	36	84	137	523	1024	1856

表 3　华为加入联盟后获取专利数

项目 \ 年份	华为技术有限公司						
	2005~2006	2006~2007	2007~2008	2008~2009	2009~2010	2010~2011	2011~2012
专利总数（件）	2551	6485	7322	7346	6722	5900	6212
G 部专利（物理）	276	519	641	530	443	382	545
H 部专利（电学）	22210	5725	6464	6763	6229	5472	5613

把联盟前作为第一组数据、联盟后作为第二组数据进行 Wilcoxon 秩检验，该检验是在对总体分布不甚了解的情况下，通过对两组配对样本的分析，推断样本来自的两个总体分布是否存在显著差异的方法。因此本次检验主要看华为公司加入联盟前后获取专利量是否存在显著差别，结果见表 4、表 5 和表 6。

表 4　华为专利总数 Wilcoxon 检验结果

秩		N	秩均值	秩和
后—前	负秩	0[a]	0.00	0.00
	正秩	7[b]	4.00	28.00
	结	0[c]		
	总数	7		

注：a. 后<前；b. 后>前；c. 后=前。

检验统计量[b]	
	后—前
Z	−2.366[a]
渐近显著性（双侧）	0.018

注：a. 基于负秩；b. Wilcoxon 带符号秩检验。

表 5　华为 G 部专利 Wilcoxon 检验结果

秩		N	秩均值	秩和
后—前	负秩	0[a]	0.00	0.00
	正秩	7[b]	4.00	28.00
	结	0[c]		
	总数	7		

注：a. 后<前；b. 后>前；c. 后=前。

检验统计量[b]	
	后—前
Z	−2.366[a]
渐近显著性（双侧）	0.018

注：a. 基于负秩；b. Wilcoxon 带符号秩检验。

表6　华为H部专利Wilcoxon检验结果

		N	秩均值	秩和
后—前	负秩	0a	0.00	0.00
	正秩	7b	4.00	28.00
	结	0c		
	总数	7		

注：a. 后<前；b. 后>前；c. 后=前。

检验统计量 b	
	后—前
Z	−2.366c
渐近显著性（双侧）	0.018

注：a. 基于负秩；b. Wilcoxon带符号秩检验。

进行Wilcoxon秩检验后发现，专利总数、G部和H部专利检验结果一致，基于负秩，Z值为−2.366，近似概率P为0.018，小于0.05的显著性水平，所以拒绝原假设，两组数据均值不等，因此来自不同的分布，如不考虑其他因素可得出结论：加入专利联盟改变了华为公司的专利获取趋势，加入联盟后，华为仍然保持很高的创新积极性。

2. 加入专利联盟对华为销售收入的影响

华为知识产权部表示公司一直坚持以客户为中心，以奋斗者为本的路线，不骄不躁，埋头苦干。自加入专利联盟后，华为的销售额一直呈现上升趋势，稳中有进是华为的目标，也是华为一直的坚持。不管是在全球低迷时期，还是在部分地区出现的政局动荡和汇率波动时，华为都能克服障碍，屡创佳绩。在每年的公司年报中，都有专门的篇章来说明公司近些年来骄人的业绩和可观的销售收入。2012年华为甚至达到将近2202亿元人民币的销售收入，实现净利润116亿元人民币。

图2为华为2002~2012年企业的销售收入。表中数据均从华为公司年报整理而来。

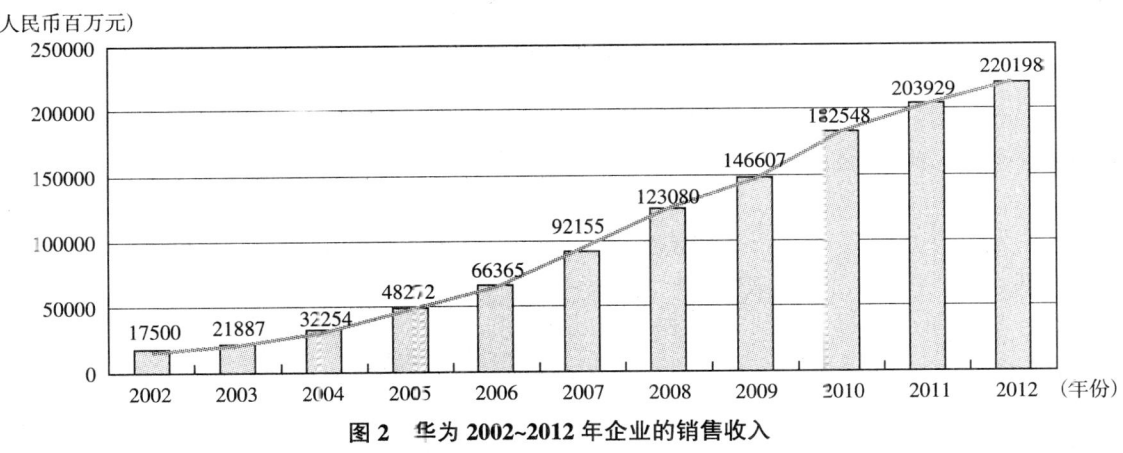

图2　华为2002~2012年企业的销售收入

由图2可以看出企业的销售收入是呈上升趋势的，明显可以看出2005年加入AVS专利联盟后，企业增长的趋势并没有发生改变，尤其是2005年（加入AVS专利联盟后的第一年）的销售收入同比增长率为49%，达到一个最高值。虽然企业官网缺乏2001年以及以前的数据，但是笔者通过华为管理层的相关内部访谈得知，近些年该企业的销售额一直稳中有升，且每年都有较高的增长率。

3. 加入专利联盟对华为R&D投入的影响

华为一直很重视创新，加入AVS专利联盟后，华为也没有放松过对研发投入的重视。2010年，美国知名商业媒体Fast Company曾评出当年最具创新力公司，华为荣居第五名，且华为是包括Facebook、Amazon、苹果、Google在内的前五名中唯一的新上榜企业。为什么会是华为？原因很简单，因为华为的自主创新成绩单让世人刮目相看，而这背后离不开华为的研发理念。

华为的方案一是"通过适当付费的交叉许可，营造和谐的商业气氛"；二是积极积累和构建自己的专利联盟，比如加入 AVS 专利联盟，这样可以获得越来越多的筹码，并且坚持不懈地每年进行研发投入，而研发投入比例超过销售额的 10%，这一强度远远超出我国大中型工业企业不足 1% 的平均研发投入水平。即使在 2006 年，公司下一代网络（NGN）亏损多于 10 亿元，3G 亏损多于 40 亿元的情况下，企业对技术研发的投入也从未改变，这在我国现阶段企业中是不多见的。

在相关数据的收集中，2006 年华为用 10% 的销售收入投入研发，10% 的研发经费投入预研，48% 的员工投入研发；2007 年华为则用不少于 10% 的销售收入进行投入研发。2007 年之后，研发费用每年都大幅度提升，创新能力也有显著的提升。表 7 为 2006~2012 年华为研发投入的情况。

表 7　2006~2012 年华为研发投入费用

年份	2006	2007	2008	2009	2010	2011	2012
研发费用（百万）	6365	9216	10469	13340	17653	23696	30090
研发费用率（%）	未统计	未统计	8.40	8.90	9.70	11.60	13.70

坚持不懈投入研发，重视自主创新是华为取得骄人业绩的保障，加入专利联盟不仅没有使华为放松警惕，反而使它更好地发挥了电子信息产业的"领头羊"作用。正如华为 CEO 任正非所言："新开发量高于 30% 不叫创新，叫浪费。"他提议研发人员研发新产品时尽量降低自身的发明创造，可以更加注重继承之前产品的技术成果以及对外进行合作和购买。这样的研发创新理念跟专利联盟的效果不谋而合。

（三）AVS 专利联盟对华为自主创新影响小结

关于专利联盟对加入联盟企业创新的影响是积极的还是消极的这一问题，有的学者认为专利联盟的组建可以降低交易成本、诉讼费用，可以在一定程度上解决"反公共品悲剧"。但也有学者认为专利联盟可能带来一些消极的影响，如"搭便车"行为、垄断的威胁。就专利联盟对创新的影响，多数研究者认为联盟成立前能够促进企业创新的积极性，至于成立后企业是否能够保持创新的积极性，学者们的意见不一致。

本文对较为有名的 AVS 专利联盟及华为进行研究，主要采取专利申请量、销售额和研发投入这三个指标评价公司的自主创新能力，对加入专利联盟前后这三个指标的变化情况进行对比分析。结果显示，联盟成立后华为的专利申请数量并没有受到影响，企业也一直保持着较高的积极性，而企业的销售收入也是屡创佳绩，这是有目共睹的。企业高额的研发投入更是说明企业对自主创新的重视，全球化的研发体系也说明了华为强大的自主创新能力，因此对 AVS 专利联盟和联盟的组成成员华为的关系研究显示，联盟成立后企业依然能够拥有良好的创新势头并取得很好的成果。

三、AVS 专利联盟对中兴通讯自主创新的影响研究

（一）联盟企业——中兴通讯股份有限公司

中兴通讯股份有限公司（以下简称"中兴通讯"）成立于 1985 年，该公司不仅是全球第四大手机生产制造商，也是中国最大的通信设备上市公司之一。同样也是 AVS 专利联盟发起成员

之一。目前，公司已为全球160多个国家及地区的电信运营商和企业网客户提供新技术和产品的解决方案，在电子信息行业具有较好的口碑。2005年公司3G终端首次大规模进入欧洲市场，获评《商业周刊》"全球IT百强企业"；2007年入选"影响中国十佳上市公司"；2009年，获"全球最佳设备制造商奖"，连续五年当选"中国最受尊敬企业"；2011年，集团总裁史立荣获第十二届中国经济年度人物奖；2013年荣获2013年度中国品牌500强。

在自主创新方面，中兴通讯的成绩十分骄人，1986年在深圳成立了研究所，从此中兴通讯便走上了自主研发，自主创新之路。先后在美国、韩国等地建立研究所。除了建立研究所，中兴还积极与国外企业强强联合，开拓国外市场，巩固国内市场。南斯拉夫BK集团、英特尔（中国）有限公司、微软（中国）有限公司、荷兰电信（KPN）集团等一系列知名企业都与中兴通讯有合作。

中兴通讯始终以持续的自主创新连续不断地为其客户创造价值。中兴通讯希望依靠自己稳中有进的创新能力、灵活超前的制定能力赢得全球客户的赞同与合作。

（二）AVS专利联盟对中兴通讯自主创新的影响

1. 加入专利联盟对中兴通讯专利申请的影响

20世纪90年代末的中兴通讯对专利是比较陌生的，或者说是不重视的，这与国内的整个大环境有着不可分割的关系，知识产权意识的薄弱，导致出现DVD高额专利费的事件，随着经济发展和维权意识的加强，2000年后中兴通讯对专利申请非常重视，使得专利申请的数量突飞猛进，这样的发展离不开国家层面上对知识产权的重视，更离不开企业自身的创新意识。公司先后在美国、法国、瑞典等地建设研发机构，累计建立研发机构多达18个，有超过3万名研究开发人员在国内外各地区进行自主创新。

2010年，公司获中国专利方面的最高奖项"中国专利奖"两项金奖，"新一代无线技术平台"建设工程荣获国家级科技进步奖，该工程涉及专利累积申请数量超过30000件，中兴通讯2011年国际专利申请量跃居全球企业第一位，2012年企业蝉联PCT国际专利申请量全球企业首位，2013年国际专利申请量居全球企业第二位，达到2309件。

同样的方法，我们通过上海知识产权（专利信息）公共服务平台获取该公司专利数。专利数获取以1998~1999年为例，时间选择联盟成立时间1998年5月25日，因此输入19980525~19990525，发明人/专利权人输入中兴通讯股份有限公司，进行检索，鉴于AVS专利联盟和中兴通讯自身企业产品涉及的范围大多集中于数字音频等通信产业，故IPC采用物理G部和电学H部的专利申请数据，然后点击IPC进行二次检索，分别得出G部和H部专利数量，由此所得数据如表8和表9所示。

把联盟前作为第一组数据、联盟后作为第二组数据进行Wilcoxon秩检验，检验主要看中兴通讯加入联盟前后获取专利量是否存在显著差别，结果见表10、表11和表12。

表8 中兴通讯加入联盟前获取专利数

中兴通讯股份有限公司							
项目 \ 年份	1998~1999	1999~2000	2000~2001	2001~2002	2002~2003	2003~2004	2004~2005
专利总数（件）	0	30	142	124	237	468	930
G部专利（物理）	0	0	20	8	21	51	122
H部专利（电学）	0	9	77	97	189	399	781

表9 中兴通讯加入联盟后获取专利数

项目＼年份	中兴通讯股份有限公司						
	2005~2006	2006~2007	2007~2008	2008~2009	2009~2010	2010~2011	2011~2012
专利总数（件）	582	1627	5516	6041	5288	10074	7761
G 部专利（物理）	44	160	536	503	695	920	612
H 部专利（电学）	515	1411	4943	5473	6093	8756	6985

表10 中兴通讯专利总数 Wilcoxon 检验结果

秩				检验统计量[b]	
		N	秩均值	秩和		后—前
后—前	负秩	0[a]	0.00	0.00	Z	−2.366[a]
	正秩	7[b]	4.00	28.00	渐近显著性（双侧）	0.018
	结	0[c]				
	总数	7				

注：a. 后<前；b. 后>前；c. 后=前。　　注：a. 基于负秩；b. Wilcoxon 带符号秩检验。

表11 中兴通讯 G 部专利 Wilcoxon 检验结果

秩				检验统计量[b]	
		N	秩均值	秩和		后—前
后—前	负秩	0[a]	0.00	0.00	Z	−2.366[a]
	正秩	7[b]	4.00	28.00	渐近显著性（双侧）	0.018
	结	0[c]				
	总数	7				

注：a. 后<前；b. 后>前；c. 后=前。　　注：a. 基于负秩；b. Wilcoxon 带符号秩检验。

表12 中兴通讯 H 部专利 Wilcoxon 检验结果

秩				检验统计量[b]	
		N	秩均值	秩和		后—前
后—前	负秩	0[a]	0.00	0.00	Z	−2.366[a]
	正秩	7[b]	4.00	28.00	渐近显著性（双侧）	0.018
	结	0[c]				
	总数	7				

注：a. 后<前；b. 后>前；c. 后=前。　　注：a. 基于负秩；b. Wilcoxon 带符号秩检验。

进行 Wilcoxon 秩检验后发现，专利总数、G 部和 H 部专利检验结果一致，基于负秩，Z 值为−2.366，近似概率 P 为 0.018，小于 0.05 的显著性水平，所以拒绝原假设，两组数据均值不等，因此来自不同的分布，如不考虑其他因素可得出结论：加入专利联盟改变了中兴通讯的专利获取趋势，加入联盟后，其创新的积极性并未下降，相反，仍然保持很高的积极性。

2. 加入专利联盟对中兴通讯销售收入的影响

随着我国经济的快速发展，包括电子信息产业在内的多数产业发展形势良好。2013 年 1~9 月，中兴通讯实现营业收入 546.59 亿元，净利润 5.52 亿元人民币，同比增长 132.44%。凭借着全球的广阔市场和优质的产品及服务，中兴通讯销售收入一直快速增长。图 3 为中兴通讯 2001~2012 年的销售收入情况。

由图 3 可以看出 2001~2012 年中兴通讯的销售收入是呈上升趋势的，2006 年之前这种上升的趋势不是很明显，但从 2007 年开始，除 2008 年和 2010 年以将近 1000 亿元的增幅，其余每年都以超过 1000 亿元的增加值增长。

据中兴通讯管理层说，企业销售收入情况在每年的公司年报中都是有记录且是公开的，可以说成绩是令人骄傲的，加入 AVS 专利联盟几乎没有影响企业的创新，因为目前国内的专利联盟还不是很强大，公司不会坐享其成，停滞不前，还要继续壮大自己，才能在国际上占有一席之地。

图 3　中兴通讯 2001~2012 年的销售收入

3. 加入专利联盟对中兴通讯 R&D 投入的影响

中兴通讯的研发走的是国际化的道路，相对于发达国家的电子信息产业，企业的技术和品牌是处于弱势地位的，所以，中兴通讯认识到必须掌握核心技术，要不断推进并逐步在全球建立完善的研发网络。

首先是全球化的研发中心。中兴通讯不仅在国内设立研发中心，还在韩国、美国、圣地亚哥等多处设立研发机构并分工明确。海外研发机构的建立不仅可以便竞争对手和大学等科研机构获取技术创新的源泉，还可以招募到当地的优秀科研人才，集思广益，为公司发展提供技术支持，同时可以对建设地的情况有更深入的了解，以便进一步开拓市场。表 13 为中兴通讯海外研发中心及任务说明。

表 13　中兴通讯海外研发中心及主要任务

研发中心	主要任务
美国达拉斯 R&D 中心	光通信 R&D
美国新泽西 R&D 中心（新泽西 1998）	软件交换机 R&D
美国圣地亚哥 R&D 中心（圣地亚哥 1998）	无线产品 R&D
美国硅谷 R&D 中心（硅谷 1998）	软件 R&D
欧洲研究所	3G 产品 R&D
韩国 R&D 中心（首尔 2000）	CDMA 产品 R&D
巴基斯坦实验室（伊斯兰堡 2005）	新市场开发
印度研发中心	软件 R&D、新市场开发
俄罗斯研究院	算法研究、新市场开发
瑞典研发中心（斯德哥尔摩）	第三类移动通信 R&D
德国研发中心（杜塞尔多夫）	通信和测试 R&D

其次是与跨国公司的合作创新。这种合作不仅包括运营商，还包括与电子信息产业的供应商以及科研院所的产学研合作。合作的运营商有法国电信、西班牙电信、意大利电信、巴西

VVO等,中兴通讯是它们的终端供应商。与供应商的合作主要是建立研发联盟,同样包括AVS专利联盟,这可以吸收其他公司先进的技术和研究方法,互相学习。

最后,与华为一样,坚持每年将不少于10%的销售收入投入研发,企业从成立起就一直坚持"技术立本",指出"技术创新是企业发展不变的主线,而不断的技术创新能力是企业可持续发展的原动力"。所以中兴通讯一直把研发放在第一位,对研发的重视从未降低。图4是中兴通讯2001~2012年的研发投入情况。

图4　中兴通讯2001~2012年的研发投入情况

从中兴通讯的研发投入可以看到,联盟成立后2006年开始,中兴通讯的研发投入一直是加大力度的;联盟成立前,2005年联盟成立当年研发有小幅度的下降,但总体来看还是呈现上升趋势,所以专利联盟的成立对企业的创新有积极的影响。

(三) AVS专利联盟对中兴通讯自主创新影响小结

通过对中兴通讯的研究,可以看出加入AVS专利联盟后其专利申请量没有减少,相反,专利的申请情况是非常积极乐观的,企业的销售收入也是稳中有进的,研发投入的情况基本呈上升趋势,但是在联盟成立当年,研发的投入有小幅度的降低,但是就整个指标来看加入专利联盟对中兴通讯的创新没有抑制,企业仍然保持较高的创新积极性。

四、美国首个专利联盟——缝纫机专利联盟

Lampe和Moser对美国历史上的首个专利联盟——缝纫机专利联盟进行了研究,采用专利申请数来衡量企业的创新,用历史上出现的案例验证专利联盟与企业创新之间的关系,得出了非常重要的结论,为专利联盟与创新关系的研究做出了重大贡献。

缝纫机专利联盟成立于1856年,于1877年解体。图5为1850~1880年缝纫机申请的专利发明数。研究显示在联盟成立前夕专利数量迅速增加,出现一个显著的高峰。然后在联盟成立之初(即1856年)到1858年,也呈现较快增加趋势,从29件增加到100多件。在之后的几年,专利数量迅速降低,到1862年降到一个最低值25件,低于联盟成立之前的水平。1862年之后逐渐增加,到1877年专利数大概有150件,之后又逐渐降低。直到1877年缝纫机专利联盟解体,之后专利申请数量一直增加,到1882年出现一个最大峰值,专利申请数高达近300件。所以当年Lampe和Moser得出的结论是专利联盟的成立打击了企业的创新。

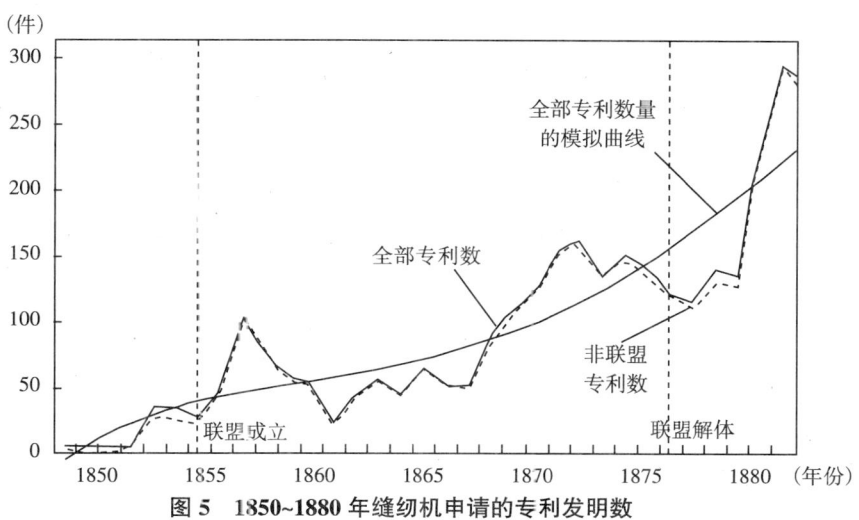

图5 1850~1880年缝纫机申请的专利发明数

同时，Lampe和Moser对缝纫机联盟的三大联盟成员企业的专利申请情况进行了分析（见图6），加入专利联盟的企业的专利申请量要比该行业申请的平均专利量有更加明显的突增。1855年，联盟成立的前一年，专利联盟的三个成员企业共申请9件专利，而1850~1854年的平均申请量每年不足3件，很明显，加入专利联盟前夕，联盟企业的创新积极性较高。但联盟一成立，加入联盟的成员企业专利申请量立即大幅度减少，低至每年不足4件。但是低迷的情况却在联盟解体后得到改变，1879年又恢复了联盟成立前的9件。从图6可以看出，缝纫机专利联盟期间21年，只获45件专利，但解体后的短短三年却获22件专利。可见联盟阻碍了企业的创新。

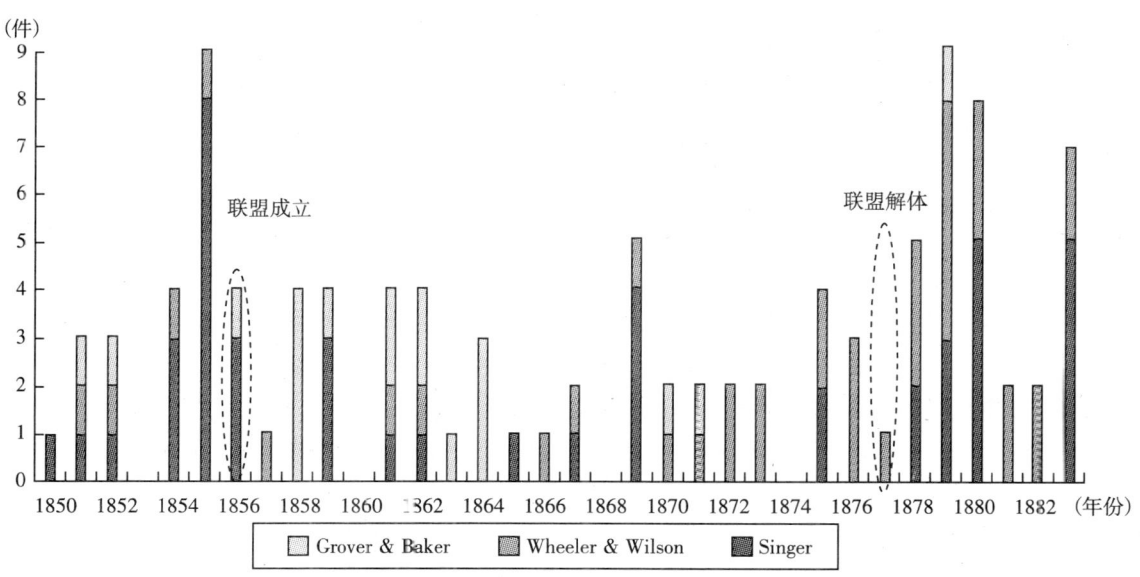

图6 1850~1854年缝纫机联盟的三大联盟成员企业的专利申请情况

由于缝纫速度技术是缝纫机技术的核心和关键，所以作者又从关键技术来分析企业的创新能力，由图7可以看出，在联盟成立前的1845~1856年，从缝纫机的速度到最高200针每分钟增加到2000针每分钟。但是联盟成立后，即使当时发生美国内战，环境对缝纫速度有高要求的情况下缝纫速度也没能有突破性的改变。但是技术进步却在联盟解体后发生改变，联盟解体后的1889年最大速度已达到2500针每分钟。

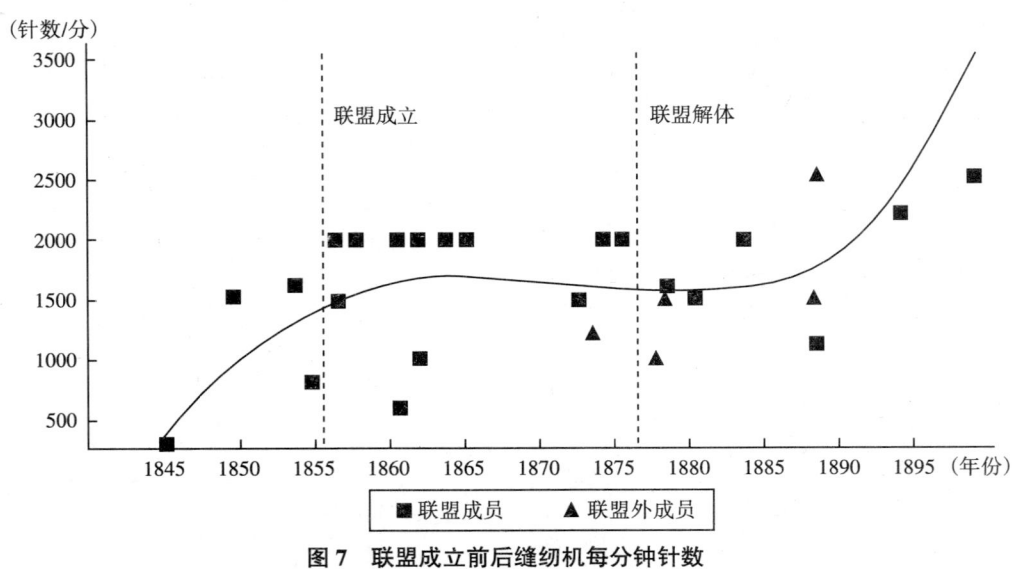

图7 联盟成立前后缝纫机每分钟针数

五、DVD3C专利联盟对飞利浦自主创新的影响研究

(一)DVD3C专利联盟与飞利浦公司

20世纪90年代早期,存在两个DVD标准,一是以飞利浦和索尼为代表的多媒体光盘,二是以东芝为代表的超高密度光盘。在以IBM为代表的公司的推动下,两大阵营将标准合并。1995年达成统一,得到国际官方论坛DVD论坛(DVD FORUM)的认可形成第一代DVD标准规格。但是DVD刻录标准没有统一,1997年,先锋、日立及东芝联合推出DVD-RAM刻录标准并获得DVD论坛认可。随后又出现先锋公司的DVD-RW,并通过论坛认可。索尼、飞利浦多家共同研发的DVD+RW在1999年对外公布。后来刻录标准就形成了DVD-RAM、DVD-R/RM和DVD+R/RM三分天下的局面。在规格确立后汤姆逊等十家企业想成立DVD专利联盟,但出于各自利益并未实现,之后飞利浦、索尼、先锋公司于1998年底联合设立提供符合DVD标准规格和DVD刻录规格必要专利的专利联盟,并由飞利浦公司进行统一的对外许可,即DVD3C专利联盟。

飞利浦电子是目前全球规模最大的电子公司中的一个,在欧洲更是名列前茅。飞利浦拥有员工166500名,在全球60多个国家活跃在照明、消费电子、家用电器、半导体和医疗系统等领域。飞利浦在纽约证券交易所、伦敦、法兰克福、阿姆斯特丹和其他股票交易所中上市。公司口号为:精于心,简于形(Sense and Simplicity)。飞利浦公司对世界家电产业做出巨大贡献。20世纪60年代发明盒式磁带录音机,并且该盒式磁带录音机标准成为世界标准,之后又发明了录像机,80年代初与索尼共同研制出CD机,又与索尼共同推出DVD和蓝光DVD。

(二)加入专利联盟对飞利浦自主创新的影响

首先是专利申请数量,飞利浦公司产品涉及众多领域,与DVD3C相关的主要是电子设备和数字媒体消费产品两类。因为我们无法得到专利许可和诉讼数据,所以从专利获取数据入手,利用数据库检索。我们可以通过德温特专利数据库(Derwent Innovations Index)进行检索获取1986~2012年飞利浦公司的专利数量。以1986年为例,在检索范围内的专利权人里输入Philips,时间跨度一栏中填1986~1987年,引文数据库选中Electrical and Electronic Section——

1963年至今进行检索，然后分别在检索范围内加上国际专利分类 H* 和 G*，检索得出结果。由于 DVD3C 是 1998 年成立，所以把 1986~1999 年的数据作为联盟成立前、1999~2012 年作为联盟成立后，结果见表 14 和表 15。

表 14 飞利浦公司加入联盟前获取专利数

项目\年份	1986~1987	1987~1988	1988~1989	1989~1990	1990~1991	1991~1992	1992~1993
专利总数（件）	1494	1536	1173	1867	1735	1616	1417
G 部专利（物理）	683	702	810	886	811	751	698
H 部专利（电学）	1024	1052	1224	1295	1229	1162	1013
项目\年份	1993~1994	1994~1995	1995~1996	1996~1997	1997~1998	1998~1999	
专利总数（件）	1327	1412	1588	1803	2013	2052	
G 部专利（物理）	667	686	761	908	1045	1054	
H 部专利（电学）	961	1055	1181	1334	1488	1530	

表 15 飞利浦公司加入联盟后获取专利数

项目\年份	1999~2000	2000~2001	2001~2002	2002~2003	2003~2004	2004~2005	2005~2006
专利总数（件）	1617	1140	1208	1362	1141	945	861
G 部专利（物理）	843	592	680	847	716	551	465
H 部专利（电学）	1219	865	912	985	770	621	572
项目\年份	2006~2007	2007~2008	2008~2009	2009~2010	2010~2011	2011~2012	
专利总数（件）	835	971	985	941	808	634	
G 部专利（物理）	466	545	548	538	422	294	
H 部专利（电学）	513	555	529	494	427	283	

把联盟前作为第一组数据，联盟后作为第二组数据进行 Wilcoxon 秩检验，在对总体分布不甚了解的情况下，通过对两组配对样本的分析，推断样本来自的两个总体的分布是否存在显著差异，此次检验主要看飞利浦公司加入联盟前后获取专利量是否存在显著差别，结果见表 16、表 17 和表 18。

表 16 飞利浦公司专利总数 Wilcoxon 检验结果

	秩	N	秩均值	秩和
后—前	负秩	12[a]	7.50	90.00
	正秩	1[b]	1.00	1.00
	结	0[c]		
	总数	13		

注：a. 后 < 前；b. 后 > 前；c. 后 = 前。

检验统计量[b]	后—前
Z	−3.110[a]
渐近显著性（双侧）	0.002

注：a. 基于正秩；b. Wilcoxon 带符号秩检验。

表 17　飞利浦公司 G 部专利 Wilcoxon 检验结果

秩		N	秩均值	秩和
后—前	负秩	12[a]	7.08	85.00
	正秩	1[b]	6.00	6.00
	结	0[c]		
	总数	13		

注：a. 后＜前；b. 后＞前；c. 后＝前。

检验统计量[b]	
	后—前
Z	−2.760[a]
渐近显著性（双侧）	0.006

注：a. 基于正秩；b. Wilcoxon 带符号秩检验。

表 18　飞利浦公司 H 部专利 Wilcoxon 检验结果

秩		N	秩均值	秩和
后—前	负秩	12[a]	7.42	89.00
	正秩	1[b]	2.00	6.00
	结	0[c]		
	总数	13		

注：a. 后＜前；b. 后＞前；c. 后＝前。

检验统计量[b]	
	后—前
Z	−3.040[a]
渐近显著性（双侧）	0.002

注：a. 基于正秩；b. Wilcoxon 带符号秩检验。

由表 16 可知，专利总数 Z 值为−3.110，近似概率 P 为 0.002，小于 0.05 的显著性水平，所以拒绝原假设（原假设为两配对样本来自两总体的分布无明显差异）。由表 17 可知，G 部专利 Z 值为−2.760，近似概率 P 为 0.006，小于 0.05 的显著性水平，拒绝原假设。由表 18 可知，H 部专利 Z 值为−3.040，近似概率 P 为 0.002，小于 0.05 的显著性水平，拒绝原假设。

综上可得出两组数据均值不等，因此来自不同的分布，如不考虑其他因素可得出结论：加入专利联盟改变了飞利浦公司的专利获取趋势，联盟成立后，其创新的积极性下降。

其次是销售收入和研发投入情况，由于 DVD3C 联盟成立时间较早，无法系统地获得每年的销售收入和研发投入费用。但是笔者从新浪财经获得飞利浦电子 2010~2013 年的营收总额和研发费用，基本情况是：2010 年底公司营收总额是 22287 百万欧元，2011 年底是 22579 百万欧元，2012 年底是 24788 百万欧元，2013 年底是 23329 百万欧元。2010 年底公司研发费用是 1493 百万欧元，2011 年底是 1610 百万欧元，2012 年底是 1810 百万欧元，2013 年底是 1733 百万欧元。总体来看，每年的营业总额跟研发投入都是比较平稳的，上下波动不大，又加上之前年份数据的缺乏，所以本案例从销售收入和研发费用的角度来分析企业的创新行为意义不大。

（三）DVD3C 专利联盟对飞利浦自主创新影响小结

国外学者对专利联盟与创新关系的研究比我国起步早，且研究深入，Lampe 和 Moser 曾对美国历史上第一个专利联盟——缝纫机专利联盟进行研究，从专利数量的申请和核心技术改进的角度衡量企业的创新能力，结果显示，在联盟成立前夕专利联盟能够鼓励企业的创新行为，但是联盟形成期间，专利申请量下降，核心技术也没有得到改进，加入专利联盟的企业创新积极性下降。而联盟解体后，企业的专利申请量又恢复了联盟成立前的迅速增长状态，核心技术有飞跃的发展，企业的创新行为明显。所以专利联盟阻碍企业的自主创新。同样对 DVD3C 专利联盟进行了相同的研究，选取了 1986~2012 年的数据，把 1986~1998 年的数据作为联盟成立前的一组数据，把 1999~2012 年的数据作为联盟成立后的数据，对两组数据进行威尔科克森检验，数据同样证明，就从专利申请数量而言，专利联盟成立前对企业的创新有促进的作用，但联盟成立后对企业的创新没有促进的作用，反而抑制了企业的创新行为。

六、总　结

本文旨在探索我国电子信息产业专利联盟与自主创新的关系，研究专利联盟成立对联盟成员的创新到底是起到了促进的积极作用，还是发生了抑制的消极作用。所以本文以电子信息产业中较为完善的 AVS 专利联盟为例，以联盟发起企业中的华为技术有限公司和中兴通讯有限公司为例，主要根据国家统计局国家经济景气监测中心发布的《中国企业自主创新能力分析报告》和前人研究的结果为参考，采取可以获得的专利申请数、企业销售收入和研发投入情况作为评价企业自主创新的指标来衡量企业的自主创新能力。企业的专利申请数是通过上海知识产权（专利信息）公共服务平台获取，该平台较为全面地统计了企业的专利申请数量并进行了相关的分类，受到广大使用者和学者的好评。该销售收入和企业的 R&D 主要是通过企业官方网站以及企业年度报表获得。就国内的研究结果来看，AVS 专利联盟成立对华为而言，专利申请数并没有改变之前积极上升的趋势，而企业的销售收入和 R&D 也是一直高升，屡创佳绩。同样 AVS 专利联盟成立也并没有改变中兴通讯专利申请数逐年上升的趋势，企业的销售收入也是稳中有进的，至于企业的研发投入，总体来看是上升的，但是在企业加入专利联盟的那年有稍许的下降，之后又恢复了上升的大趋势，由于下降的幅度较小，原因也可能是多方面的，因此实际的意义不大。所以就国内情况而言，企业加入专利联盟并不会改变企业的创新积极性，因此加入专利联盟对企业的创新是有促进作用的。

之后笔者研究国外的专利联盟与企业自主创新的关系与国内是否一致，首先，笔者回顾了经典研究，也就是以美国历史上的第一个专利联盟为例，采用专利获取数位指标，Lampe 和 Moser 的结果显示在联盟成立前夕专利联盟能够促进企业的创新行为，但是联盟成立期间，专利申请量下降，而联盟解体后，企业的专利申请量又恢复了联盟成立前的迅速增长状态。所以专利联盟会阻碍企业的自主创新。之后又以较为有名的 DVD3C 专利联盟为例，采用与国内同样的研究方法，以专利申请数、研发投入和销售收入为指标衡量企业的自主创新能力。与之前不同的是，考虑到大多数的 DVD3C 专利联盟的联盟成员申请的专利在国外，德温特数据库统计更为全面，数据更具有参考性，因此国外专利数的获取是使用德温特数据库。研究的结果是专利联盟成立前对企业的创新有促进作用，但联盟成立后反而抑制了企业的创新行为。

因此本文得出的结论是国内电子信息产业专利联盟的成立促进了企业的创新，对企业的自主创新产生了积极的作用，但是这一结果跟国外的电子信息产业专利联盟是不一样的，国外电子信息产业专利联盟可能更多的是抑制了企业的创新，对企业的自主创新产生了消极的作用。

（一）原因分析

专利联盟与企业自主创新的关系在国内外的电子信息产业中所呈现的结果是不一样的，我国专利联盟的成立会对企业的自主创新产生积极的作用，原因可能是多方面的。

首先，从国家层面来看，我国是积极鼓励专利联盟和自主创新活动的。一方面通过设立专门的部门机构，对企业领导和专利研究人员进行培训，建立知识产权服务中心，鼓励企业申请专利，还制定相关政策鼓励企业增加科研投入。另一方面积极培养科技创新人才，国家主席习近平在 2010 年 4 月 10 日的博鳌亚洲论坛上还号召亚洲各国在保护知识产权的前提下实现技术共享，推动可持续发展。而自主创新与我国创新型国家建设的宏观政策相一致。在这样的大环境下，国内企业积极自主创新，深化改革，利用转型期把企业做得更好。同时，我国专利事业的发展离不开科研投入和人才培养，更离不开国家的支持。以 AVS 为例，国家对 AVS 专利联盟给予了大力支持：信息产业部电子信息产品司 2004 年和 2005 年为 AVS 电子发展基金设立专门项目；中国科学院把 AVS 作为两个优秀项目之一推荐；知识产权相关部门为 AVS 相关专利设立快速通道，中间还有国家标准化管理委员会、国家商务部、国务院发展研究中心的大力支持等。

其次，从地方层面来看，地方政府和一些产业园区也会对专利联盟给予较大的帮助。比如广东省顺德电压力锅专利联盟就是在顺德区相关政府部门的大力倡导和扶持下建立起来的，如今已探索出合适自己的模式并使得联盟企业快速、健康地发展。同样，AVS 专利联盟也离不开地方的支持，2004 年和 2005 年的产业化示范项目都是在中关村科技园区海淀园内进行的，AVS 的顺利发展还依托了长三角、珠三角和青岛高新区的支持，比如上海浦东移动多媒体协会 10 家企业联合，开发出包括多款 AVS 手机在内的端到端移动多媒体平台。

最后，从产业及企业自身来看，国外电子信息产业要比国内电子信息产业起步早、发展快，我国电子信息产业的专利联盟本就是受外国打压而奋起直追的产业，这种差距迫使我国企业不能掉以轻心，时刻警惕，自然还是会不停地创新、进步。从专利联盟的构建目的来看，国外企业加入的专利联盟大多是攻击性的，企业之间强强联合，为了获得专利许可费。但是国内企业加入的专利联盟大多处于防御性的，因为我们起步晚，自主创新能力不强，需要借助团体的力量，实现专利共享，共同发展。换句话说，我国企业是处于发展中的企业，还没有达到最终的状态，还需要企业继续创新、前进。产业现状如此，企业就会有清楚的定位，在这样的大环境下，国内企业会制定较好的公司创新战略，比如华为本身的创新研发理念，注重利用外界合作达到共赢，出发点和行动过程的一致必然会带来好的后果。

（二）政策建议

我国构建专利联盟的目的是更好地发展企业，使企业能够不受外国打压，在国际上占有一席之地，这必然离不开企业的自主创新，而联盟企业的自主创新除了离不开企业自身之外，更离不开政府扶持。我国专利联盟与联盟企业自主创新会产生积极的影响，而国外产生消极的影响，与我国现阶段发展状况密不可分。我们要寻找国外联盟的不足和发展的弊端，引以为戒，在今后的发展中趋利避害，扬长避短。因此，为了更好地发挥专利联盟对联盟企业积极的创新作用，应该从政府和企业自身考虑。

1. 政府角度

（1）建立促进联盟企业自主创新的激励机制。有效的制度只有通过恰当的激励机制来激发人的潜能，才能促进资源的优化配置，进一步推动经济的发展。从政府层面而言，政府可通过以下三点来激励专利联盟企业的创新活动。首先，政府优先购买或采用联盟的产品和服务，通过政府购买而产生的产品知名度扩大市场；其次，实行税收减免政策来激励联盟企业的自主创新，这也相当于一定的资金扶持；最后，对专利联盟创新加强鼓励，建立一定的激励措施。

（2）完善联盟企业自主创新的人才培养机制。企业的创新需要人才的支持，政府可以通过健全产业产学研合作体制来解决人才问题。在国内，专利联盟能够促进企业的自主创新，但是专利联盟涉及大量专利工作，这就迫切需要大量从事专利代理、知识产权诉讼代理以及知识产权战略方面的人才，企业自身没有足够的资源和能力培养，那么政府可以通过与高校合作的方式培养人才再输送到企业，比如江苏省知识产权局与南京高校建立的知识产权学院，培养的人才进入企业为企业的专利工作和创新活动做出贡献。

（3）创造有助于联盟企业自主创新的体制机制。如果企业模仿的收益高于创新的收益，或者企业创新的风险高于创新的收益，那么企业对创新的积极性就不高，所以有学者认为，企业缺乏自主创新的根本原因在于体制问题。因此，政府应该进一步完善专利保护体系，制定专利战略。因为专利战略的实施不仅仅是联盟企业保护自己自主创新成果的重要手段，也是企业形成持续创新能力、应对市场竞争的有效手段。

（4）营造适合联盟企业自主创新的政策环境。首先，立法是自主创新活动的基本法律保障。政府不仅要制定发展规划鼓励支持联盟企业的自主创新，更要颁布完善健全的法律法规来规范及保护自主创新，也为政府自身的管理提供法律依据。其次，政府也要通过宣传、教育等多方面的措施来营造有利于联盟企业自主创新的文化和市场环境。文化环境要培育创新精神和创新意识，所营造的市场环境要形成公平有序的竞争，使各种类型的企业在同一环境下，不管是联盟内还是联盟外的企业都必须改进技术和加强自主创新。

2. 企业自身角度

（1）明确联盟自主创新企业的主体地位。政府是引导，具有扶持的作用，创新的主体还是企业自身，所以要使政府研究主导型转变为企业研究机构主导型，发挥企业的主导作用。当然，也可以将企业的重大技术课题列入国家科技计划，寻求国家经费支持，还需要建立支持联盟企业发展的多元化融资机制。

（2）建立有利于自身发展的体制机制。这里的体制机制引用刘辉的企业自主创新机制各部分关系图（见图8）解说，涉及企业的能力系统、动力系统和激励系统，这三个系统是构成联盟企业自主创新机制的三个方面。能力系统是企业进行自主创新的能力，企业是否有能力进行创新并将产品投放于市场取得较好的业绩，这是核心部分；动力系统实际上是企业的内部创新意愿和外部环境状况的统一，这是创新的前提，联盟企业是否有这种驱动力，愿意去创新，同时外部环境又是否适合企业的自主创新；最后的激励系统实际上是联盟企业的激励机制，这里的激励不仅仅是资金奖励，还包括法律的保护、精神上的支持。

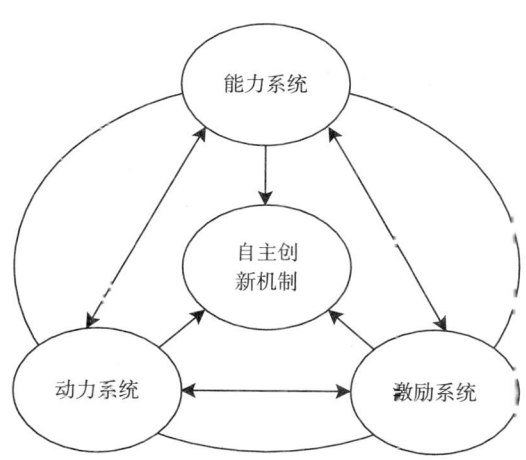

图8　企业自主创新机制各部分关系图

（3）建立高水平的研发创新机构。自主创新的主体是联盟企业自身，联盟企业势必要建立自己的研发机构，高水准的研发机构需要高水平的研发创新人员以及技术、资金的支持。创新人员可以是高校培养的人才或者引进技术顾问，引进后还要建立相关的人才引进制度，要留住人才；技术的短缺一方面可以通过技术人才的引进解决，另一方面可以通过合作研发和利用外部技术资源，取长补短；当然，所有的前提都不能离开资金的支持，企业应加大对研发的投入，国内电子信息产业AVS专利联盟成立后，华为和中兴通讯的创新成果依旧骄人，这离不开每年不低于10%的研发投入。

〔参考文献〕

[1] 任声策，陆铭，尤建新. 专利联盟与创新之关系的实证分析——以DVD6C和日立公司为例[J]. 研究和

发展管理，2010，22（2）．

[2] 曹勇，张诗瑶.辩证分析专利池对技术创新的影响——理论评述［J］.情报杂志，2012，31（11）．

[3] Richard J. G. Antitrust for Patent Pools: A Century of Policy Evolution [EB/OL]. http://law.berkeley.edu/institutes/bclt/stemcell/articles/gilbert-patent-pools.pdf.

[4] Gallini N.Private Agreements for Coordinating Patent Rights: The Case of Patent Pools [J]. Journal of Industrial and Business Economics.2011, 38 (3).

[5] Joshi A. M., Nerkar A.When do Strategic Alliances Inhibit Innovation by firm? Evidence from Patent Pools in the Global Optical Disc Industry [J]. Strategic Management Journal.2011, 32 (11).

[6] 孙兆刚.专利池的创新溢出分析［J］.当代经济管理，2008，30（7）．

[7] 朱雪忠，詹映，蒋逊明.技术标准、标准下的专利池对我国自主创新的影响研究［J］.科研管理，2007，28（2）．

[8] 杜晓君，梅开.纵向结构专利联盟的创新激励作用分析［J］.科研管理，2010，31（1）．

[9] 马大明，杜晓君，宋宝全.专利联盟创新效应及形成研究动态［J］.产业经济评论，2011，10（1）．

[10] 杜晓君，罗猷韬，马大明，宋宝全.专利联盟的累进创新效应研究［J］.管理科学，2011，24（6）．

[11] 周青，陈畴镛.专利联盟提升企业自主创新能力的作用方式和政策建议［J］.科研管理，2012，33（1）．

[12] Hall B. H., Ziedonis R. H. The Patent Paradox Revisited: An Empirical Study of Patenting in the U.S. Semiconductor Industry, 1979~1995 [J]. The Rand Journal of Economics, 2001.

[13] Lampe R. L., Moser P.Do Patent Pools Encourage Innovation? Evidence from the Nineteenth-century Sewing Machine Industry [J]. Journal of Economic History, 2010 (4).

Research on Patent Alliance of Chinese Electronic Information Industry Impact on Independent Innovation

Zhai Liqi

(Nanjing Tech University College of Economics and Management, Nanjing 210009)

Abstract: Compared with foreign patent alliance of electronic information industry, patent alliance in China started relatively late, and most of them are products of dragged down by foreign patent alliance. In recent years, China's electronic information industry actively built patent alliance in order to promote independent innovation of enterprises by make use of patent strategy, and maintain its leading technology. But whether patent alliance can promote the independent innovation of enterprise? Whether the results are consistent at home and abroad? Based on the domestic AVS patent alliance and abroad DVD3C patent alliance and some of its members as case study, we chose the more data as the index of enterprise independent innovation ability, including applications, R&D investment and sales revenue. The patent application number shall be carried out in accordance with the union time is divided into two groups, the before and the after. According to the difference we can judge the trend of innovation and seek the reason for the result and put forward relevant policy and suggestion, to help enterprises to establish innovative mechanism.

Key Words: Patent Alliance; Independent Innovation; Electronic Information Industry; Innovation Mechanism

图书在版编目（CIP）数据

科技创新案例与研究. 2014 年第 1 期/徐南平主编. —北京：经济管理出版社，2014.10
ISBN 978-7-5096-3364-9

Ⅰ.①科… Ⅱ.①徐… Ⅲ.①企业创新—案例—中国 Ⅳ.①F279.23

中国版本图书馆 CIP 数据核字（2014）第 211180 号

组稿编辑：张　艳
责任编辑：张　艳　赵喜勤
责任印制：司东翔
责任校对：张　青

出版发行：经济管理出版社
　　　　　（北京市海淀区北蜂窝 8 号中雅大厦 A 座 11 层　100038）
网　　址：www.E-mp.com.cn
电　　话：(010) 51915602
印　　刷：三河市延风印装厂
经　　销：新华书店
开　　本：880mm×1230mm/16
印　　张：7
字　　数：193 千字
版　　次：2014 年 10 月第 1 版　2014 年 10 月第 1 次印刷
书　　号：ISBN 978-7-5096-3364-9
定　　价：58.00 元

·版权所有　翻印必究·

凡购本社图书，如有印装错误，由本社读者服务部负责调换。
联系地址：北京阜外月坛北小街 2 号
电话：(010) 68022974　　邮编：100836